발타사르와 함께
말씀 안에 머물기

Christlich meditieren
Herder, Freiburg – Basel – Wien 1985
© Johannes Verlag Einsiedeln, Freiburg ²1995

Korean translation © 2025 Catholic Publishing House

발타사르와 함께 말씀 안에 머물기

2025년 5월 27일 교회 인가
2025년 8월 28일 초판 1쇄 펴냄

지은이 · 한스 우르스 폰 발타사르
옮긴이 · 서명옥
펴낸이 · 정순택
펴낸곳 · 가톨릭출판사
편집 겸 인쇄인 · 김대영
편집 · 허유정, 김지영, 김지현, 박다솜
디자인 · 이경숙, 강해인, 정호진
마케팅 · 임찬양, 안효진, 황희진, 노가영

본사 · 서울특별시 중구 중림로 27
등록 · 1958. 1. 16. 제2-314호
전자우편 · edit@catholicbook.kr
전화 · 1544-1886(대표 번호)
지로번호 · 3000997

ISBN 978-89-321-1973-1 04230
ISBN 978-89-321-1869-7 (세트)

값 16,000원

성경 ⓒ 한국천주교중앙협의회, 2025.

이 책의 한국어 출판권은 (재)천주교서울대교구 가톨릭출판사에 있습니다.
저작권법에 의해 한국 내에서 보호를 받는 저작물이므로 무단 전재와 무단 복제를 금합니다.

가톨릭의 모든 도서와 성물, 디지털 콘텐츠를 '가톨릭북플러스'에서 만날 수 있습니다.
http://www.catholicbookplus.kr | (02)6365-1888(구입 문의)

HANS URS VON
BALTHASAR

한스 우르스 폰 발타사르 지음
서명옥 옮김

발타사르와 함께
말씀 안에 머물기

**CHRISTLICH
MEDITIEREN**

가톨릭출판사

일러두기

[대괄호]는 독자의 원활한 독서를 위해 옮긴이가 덧붙인 설명을 의미한다.

머리말

,

　모든 것은 하느님께서 인간에게 말씀하셨는지(당신 자신에 대해서는 물론이거니와 인간과 그의 세상을 창조하신 의도에 대해서도), 아니면 절대자가 모든 세속적인 말 건너편에서 침묵을 지키고 계시는지에 대한 의문에서 결정된다.
　후자가 맞다면 모든 길은 자유롭게 주어져 있고, 당연히 우리는 그 길어 들어서야 한다. 이 무상하고 기만적인 세상이 진실일 수 없다는 것을 아주 잘 아는 사람은 그 덧없고 다양한 것을 뒤로하고, 말할 수 없는 것을 향해 나 있는 가파르고 좁은 길로 나아가기 위해 그 길을 떠난다.

너무 비좁은 자아Ich의 감옥 벽을 어쩌면 순간적으로, 어쩌면 궁극적으로 돌파하는 영웅적 금욕주의와 신비주의적 몰입 안에서 떠나는 것이다. 지고의 존재[하느님]를 '혹시 자신이 접할 수 있을지' 더듬거리며 찾는(사도 17,27) 사람의 모든 묵상은 서로 비슷하며, 더욱이 온갖 무상한 것을 초월하는 탐색일수록 급진적이다. 이는 극동에서부터 플로티노스Plotinus의 지중해 고대의 마지막 형태에 이르기까지 나타나는데, 젊은 시기에 아우구스티노가 헛되이 꾀해 보았던 황홀경에 대한 지시들까지도 포함하고 있다.

그러나 전자, 곧 하느님께서 말씀하셨음이 타당하다면, 우리는 성경적 공간, 세 가지 유일신 종교[유다교, 그리스도교, 이슬람교]의 공간으로 들어가게 된다. 왜냐하면 이슬람 또한 구약 성경과 신약 성경적 모티브를 특징으로 하기 때문이다. 전자가 타당한 경우 묵상은 의미 있게, 자기 자신과 세상에 대한 하느님의 말씀을 숙고하고 점점 더 깊이 받아들이는 것이 될 수 있다. 그런데 여기서 여전히 남아 있는 의문은 그 하느님의 말씀이 어디에서 완전한 형태에, 곧 개별적으로 유효한 모든 것이 풍부한 통일성으로 요약되는 형태에 도달하느냐 하는 것이다. 이것이 코란에 나타나는, 가브리엘 천사가 예언자에게 전한 흔적들에 해당할까? 독실한 무슬림이 예배하는 자세로 날마다 암기해서 반복하는 그런 구절들이 완전한 형태일까? 한 천사가 하느님에 관해 그분 내면의 깊은 곳을 드러낼 말을 할 수 있을까? "하느님의 영이 아니고서는 아무도 하느님의 생각을 깨닫지 못합니다."(1코린 2,11 참조)라고 성경은 말하고 있지 않은가.

동일하지는 않다 하더라도 이와 비슷한 의문을 구약 성경에 대하여 제기할 수 있다. 구약 성경의 율법은 물론 천사들을 통해서도 중개되었고(갈라 3,19; 사도 7,38), 그것의 지시는 예언자들의 입을 통하여("주님께서 이렇게 말씀하신다.") 여러 가지 "규정, 법령, 약속, 규칙, 명령"(시편 119 참조) 안에 담겨 있다. 그리하여 경건한 이스라엘인들에 의해 끊임없이 숙고되고, "중얼거리고", 묵상되고 있다. 하지만 그럼에도 그들에게는 풀리지 않는, 곧 구약의 차원에서는 정말로 해결할 수 없는 의문들로 남아 있다. (욥기, 코헬렛을 보라!) 이를 해결하기 위해서는 다음 두 가지를 종결 짓는, 하느님과 인류 사이 '계약'의 완성이 필요하다. 하나는 하느님께서는 당신 자신을 통해 말씀하신다는 것이고, 다른 하나는 인간 존재의 실존적 물음 또한 규명하는 한 인간으로서 말씀하신다는 것이다. 바꿔 말하면 고통과 무상함, 죽음의 의미, 그리고 죽음을 면치 못하는 삶의 전체 무게가 하느님 안에 최종성을 두고 있음을 밝히는 한 인간으로서 죽은 인간이 영원한 생명으로 부활하는 가운데 말씀하신다는 것이다. 이 모든 것이 히브리인들에게 보낸 편지의 서두에 집중적으로 요약되어 있다.

"하느님께서는 예전에는 예언자들을 통하여 여러 번에 걸쳐 여러 가지 방식으로 조상들에게 말씀하셨지만, 이 마지막 때에는 아드님을 통하여 우리(모두)에게 말씀하셨습니다. 하느님께서는 아드님을 만물의 상속자로 삼으셨을 뿐만 아니라, 그분을 통하여 온 세상을 만들기까지 하셨습니다. 아드님은 하느님 영광의 광채이시며 하느님 본질의 모상으로서 …… 그분께서 (당신의 십자가로) 죄를 깨끗이 없애신 다음, (부활하시면서) 하늘 높은 곳에 계신 존엄하신 분의 오른쪽에 앉으셨습니다. 그분께서는 천사들보다 뛰어난 이름을 상속받으시어, 그만큼 그들보다 위대하게 되셨습니다."(히브 1,1-4)

하느님의 자기 표명이 양면에서 완성됨으로써, 곧 하느님께서 당신의 깊이에서 말씀하시고, 또 인간으로 말씀하시면서 인간의 깊이 또한 함께 드러내심으로써, 그리스도교 묵상의 차원이 분명하게 드러난다. 그것은 오직 하느님께서 자신을 인간으로 계시하시는 곳에서만, 이 인간이 하느님을 그분의 모든 깊이에 이르기까지 속속들이 계시하는 곳에서만 시작될 수 있다. 왜냐하면 이 [인간 예수 그리스도가 하느님을 계시하는] 시작점이 넘어설 수 없게 머물러 있기 때문이다. 그리고 이것은 그 계시하는 사람, 하느님의 아들 예수 그리스도께서 하느님을 자신의 아버지로 계시하시는 곳에서만, 바로 그분이 진실로 우리에게 전달하신 하느님의 성령 안에서만 일어날 수 있다. 그리하여 오직 하느님의 영만이 통찰하실 수 있는 하느님의 깊이(1코린 2,10)를, 우리에게 선사해 주신 그분의 영 안에서 우리가 철저하게 살필 수 있도록.

"우리는 …… 하느님에게서 오시는 영을 받았습니다. 그래서 하느님께서 우리에게 주신 선물을 알아보게 되었습니다."(1코린 2,12)

따라서 그리스도교 묵상은 완전히 삼위일체적이며 동시에 전적으로 인간적이다. 아무도 하느님을 찾기 위해 개인적이고 사회적인 인간성에 등을 돌릴 필요가 없다. 그러나 하느님을 찾기 위해 모든 이는 성령 안에서 세상과 자기 자신을 하느님께서 보시는 것처럼 보아야 한다.

차례

머리말		5
제1장	아버지의 말씀인 아들	13
	1. 증거하는 말씀	15
	2. 묵상 소개	28
	3. 성령의 빛	43
제2장	묵상의 실행	53
	1. 현존	58
	2. 침묵하는 말씀	63
	3. 말씀 안에 머물기	81
제3장	일치	95
	1. 마리아의 길	97
	2. 교회의 길	119
	3. 세상의 길 위에서	137
옮긴이의 말		156
미주		162

제1장

아버지의 말씀인 아들

HANS URS VON BALTHASAR

하느님께서는 당신 스스로 자유로이 자신을 여시고,
당신 아들 안에서 자신을 나타내시며,
굶주리는 영혼들을 충족시키는 말씀을 우리에게 주신다.
따라서 그리스도교 묵상은 그리스도를 사랑하고,
숙고하며 따르는 묵상만이 중심이 될 수 있다.
그분은 하느님의 해석이며 우리에게 주시는
하느님의 가르침이다.

1
중개하는 말씀

"아들 외에는, 그리고 그가 아버지를 드러내 보여 주려는 사람 외에는 아무도 아버지를 알지 못한다."(마태 11,27)

"아무도 하느님을 본 적이 없다. 아버지와 가장 가까우신 외아드님, 하느님이신 그분께서 알려 주셨다."(요한 1,18)

"하느님에게서 온 이만 아버지를 보았다. 내가 진실로 진실로 너희에게 말한다. …… 나는 생명의 빵이다."(요한 6,46-48)

곧 하느님께서는 당신 스스로 자유로이 자신을 여시고, 당신 아들 안에서 자신을 나타내시며, 굶주리는 영혼들을 충족시키는 말씀을 우리에게 주신다. 우리는, 인간이 하느님의 모습과 형상에 따라(창세 1,27) 창조되었으므로, 언젠가 보이지 않는, 완전한 모상의(2코린 4,4; 콜로 1,15) 하느님께서 그 안에 존재하실 수 있다는 것을, 그분의 완전한 형상(히브 1,3)을 취할 수 있으리라는 것을 감지한다. 인간 예수 그리스도는 나중에 이러한 하느님 상像으로 들어 올려진 것이 아니다. 그분은 처음부터 자신이 이 형상임을 알고 계셨다. "그러나 내가 너희에게 말한다."라는 표현은 모세의 권위를 넘어서는 것이며, 오직 '나'만이 야훼와 그분의 말씀 자체일 수 있다는 의미다. "나는 아브라함이 태어나기 전부터 있었다."(요한 8,58)라는 말씀은 예언자들에게 익숙해져 있던 백성에게는 참을 수 없는 모독이요 분노할 일이다. 사람들은 "그분께서 …… 하느님을 당신 아버지라고 하시면서 당신 자신을 하느님과 대등하게 만드셨기 때문"(요한 5,18)에 예수님의 목숨을 노린다. 그러면서 예수님을 돌로 쳐 죽이려고 한다.

"하느님을 모독하였기 때문에 당신에게 돌을 던지려는 것이오. 당신은 (하느님께서 만드신) 사람이면서 하느님으로 자처하고 있소."(요한 10,33)

예수님의 주장은 종교사 전반에 걸쳐 유사한 경우가 없다. 그분은 어떠한 신성한 인간 상호 간의 사랑도, 질서 있는 자기 사랑도 다 제쳐 둔 채, 당신 자신에 대한 절대적 사랑을 요구하신다(루카 14 26). 하느님께로 들어가는 유일한 문인 그분을 통하지 않고 들어가는 자를 그분은 도둑이며 강도라고 책망하신다(요한 10,8). 그분 안에서 하느님의 말씀을 듣지 못하고, 깨닫지 못해, 그분을 하느님의 말씀으로 사랑하지 않는 자는 하느님과의 어떤 관계도 주장할 수 없다.

"하느님께서 너희 아버지시라면 너희가 나를 사랑할 것이다. …… 어찌하여 너희는 내 이야기를 깨닫지 못하느냐? 너희가 내 말을 들을 줄 모르기 때문이다."(요한 8,42-43)

"나를 사랑하지 않는 사람은 내 말을 지키지 않는다. 너희가 듣는 말은 내 말이 아니라 나를 보내신 아버지의 말씀이다."(요한 14,24)

"아버지께서 너희를 사랑하신다. 너희가 나를 사랑하(고 또 내가 하느님에게서 나왔다는 것을 믿었)기 때문이다."(요한 16,27)

그러니까 하느님과 인간 사이의 상호 사랑, 계약에 대한 진정한 사랑의 조건은 예수님의 요구에 따르면 신인神人이시며 계약의 완전한 구현자이신 당신 자신에 대한 사랑이다. 곧 하느님께서 인간에게 가시는 길이자 인간이 하느님께로 가는 이중의 길이다.

따라서 그리스도교 묵상은 오직, 하느님의 자기 진술인 이 사람, 예수님을 사랑하고, 숙고하며 따르는 묵상만이 중심이 될 수 있다. 그분은 하느님의 해석이며 우리에게 주시는 하느님의 가르침이다.

"그것을 벗어나는 자는 아무도 하느님을 모시고 있지 않

습니다. 이 가르침 안에 머물러 있는 이라야 아버지도 아드님도 모십니다."(2요한 1,9)

이 머무름은 믿는 것을 의미하며, 이렇게 믿는 이에게는 예수님의 인간성을 통하여 신성을 볼 수 있는 눈이 선사된다.

"나를 (정말로) 본 사람은 곧 아버지를 뵌 것이다."(요한 14,9)

그리스도교 묵상은 예수님의 말씀뿐 아니라 그분의 모든 상황과 행위 안에서 하느님의 상황과 태도를 알아보기 위해 있는 것이다. 예수님께서 화를 내실 때(마르코 복음서에서 종종 나타나듯이), 그분이 채찍을 휘두르실 때, 우리는 질투하시는 하느님, 야훼가 어떻게 그리고 왜 화를 내셨는지 알게 된다. 그분이 '원하지 않았던' [모습의] 예루살렘을 두고 우실 때, 그것으로 그분은 계약의 주님으로서 슬픔을 드러내시며 당신의 사랑이 헛되이 허비된 것을 보이시다. 사람들이 당신에게 청하는 것을 허용하실 때, 예컨대 카나에서 어머니 마리아가, 카파르나움에서 로마의 백인대장이, 시리아에서 이방인 여인이 그분께 청할 때, 그리고 그것을 통해 '변화가 일어날' 때, 그분은 끈질긴 기도가 어떻게 하느님의 마음에서 간절히 바라는 것을 마침내 끌어내는지 보여 주신다(루카 18,1-7 참조). 그분은 베타니아에 있는 사랑하는 두 여인을 아무 답도 없이 [겉보기엔] 위험 속에 그대로 버려두는 것을 주저하지 않으시면서, 자신이 십자가에서 아버지에게 버림받았다고 느끼게 될 것임을 앞서 가리켜 보이신다. 비록 당신이 다음과 같은 사실을 미리 알고 계셨다 하더라도 말이다.

"너희가 나를 혼자 버려둘 때가 이미 왔다. 그러나 나는 혼자가 아니다. 아버지께서 나와 함께 계시다."(요한 16,32; 8,29 참조)

즉, 하느님께서는 [그분을] 버리실 때마저 그분이 세상으로부터 버림받았다고 느끼면 이내 버리지 않으신다. 예수님께 일어나는 모든 것이 말씀이다. 인간들의 법정 앞에서 잠잠히 있던 그분의 침묵, 그분의 매 맞음, 그리고 침 뱉음을 당함도 그러하다. 특히 무슨 뜻인지 알아듣기 어려운 소리를 크게 외친 뒤에 있었던 그분의 죽음, 뒤이은 얼음같이 차가운 시신의 침묵 또한 그렇다. 죽음을 면치 못하는 인간의 이 극단적 상태보다 더 웅변적인 하느님의 말씀은 없다. 우리에게 이 말씀, 하느님의 자기표현이 없었다면, 우리는 모든 어둠을 뚫고, 세상의 어떤 종교도 감히 발설하지 못한, "하느님은 사랑이시다."는 말을 알지 못했을 것이기 때문이다. 증거를 위한 글로 다음 문장을 따를 만한 것은 없다.

"이는 직접 본 사람이 증언하는 것이므로 그의 증언은 참되다. 그리고 그는 여러분이 믿도록 자기가 진실을 말한다는 것을 알고 있다."(요한 19,35)

게다가 부활하신 분에 대한 이야기는 하느님을 훨씬 더 명확하게 보여 준다(그것에 대하여 '낙원의', '천국 같은'은 너무 약한 단어다). 그리고 정확히 바로 그 때문에 복음서에 있는 어떤 것도 무덤에서 막달레나와 나눈 대화나 집 안에서 제자들과 나눈 대화보다, 토마스에 대한 애정 어린 꾸짖음과 그의 요청을 들어준 것보다, 엠마오로 가는 길에서의 장면보다, 승천 때 축복의 표현보다 더 인간적이고 다정한 것은 없다. 그것은 또한 바오로 앞에 영광스럽게 나타나심에까지 이르는데, 가장 힘든 시간에 하느님께서는 다시 한번 그를 위로하고 힘을 북돋우시며 나타나신다(사도 18,9-10; 23,11; 27,24 참조). 모든 것이, 변모에서조차, 육체적이고 구체적으로 머물러 있다. 곧 구원의 세계에서는 창조 세계의 어떤 것도 부인되지 않는다. 그와 같이 모든 자연은 우리를 하느님 나라의 본질에 더 가까이 데려가기 위해 예수님의 비유에 포함되어 있다. 곧 밭에서 발견한 보물, (그것을 위해) 모든 것을 팔게 된, 값진 진주의 발견, 농부가 흩뿌린 씨앗, 그 가운데 많은 것은 잃게 되고 또 그 가운데로 원수가 가라지를 덧뿌린다. 그렇게 은총은 용솟음치는 샘이요, 사랑은 온 세상으로 퍼져 나가야 할 불꾸러미이며, 그러고는 다시 저절로 자라는 씨앗이다. "사람은 어떻게 그리되는지 모른다." 경이롭게 꽃피어 있는 초원, 뿌리지도 거두지도 않는 하늘의 새들과 같은 자연적 사건들은 제자들을 위한 실물교수實物敎授이다. 그렇듯 포도나무와 가지의 관계는 그들이 예수님 없이는 아무것도 할 수 없지만, 그분에게 머물러 있으면 많은 열매를 맺는다는 것을 그들에게 보여 준다. 예수님의 기적은 두 가지를 다 보여 준다. 육신의 치유나 영양 공급은 영혼의 치유와 영양 공급에 대한 하느님의 돌보심을 가리킨다. 그리고 육체적인 것은 그러한 하느님의 돌보심을 실제로 상징하는 것이며 진정으로 드러내는 것이다.

"'너는 죄를 용서받았다.' 하고 말하는 것과 '일어나 걸어가라.' 하고 말하는 것 가운데에서 어느 쪽이 더 쉬우냐?"(마태 9,5)

그 예증들은 끝이 없을 것이다. 전체 복음이 사실의 말에 대한 말, 비유의 말에 대한 비유어를 담고 있다. 그 각각의 말은 지상적 관점에서 보면 제한적이지만, 당신의 무궁무진한, 모든 것을 넘어서는 본성을 드러내는 하느님의 무한함에는 열려 있다. 그러나 하느님을 향한 이 유한자[제한적인 말]의 열림 또한 언제나 이미 예수 그리스도 안에 놓여 있다. 그분이 인간으로서 자신의 모든 말을 세상에 대고 하시면서 동시에 기도 말로 아버지를 향해 하신 것인 한 그러하다. 묵상하는 이는 종종 그것을 잊어버린다. 그는 하느님께로부터 오는 계시의 말씀에 자신이 생각해 낸 대답을 할 수 없고(이것이 실패로 끝나는 경우가 얼마나 많으며 그 말씀의 요청에 못 미치는 경우가 얼마나 많은가!) 오히려 말씀 자체 안에 이미 존재하는 대답의 원형原形을 갖게 된다.

"주님께로 가는 여정에 있는 사람은 그분이 아버지와 나눈 대화 안에, 그분의 기도 안에 잠겨 있다. 그분이 겪은 온갖 형태의 고통, 모든 죄를 떠맡음이 아버지와 나누는 그분의 대화 안에서 일어난다.

인간을 인도하는 것도 모두 이와 마찬가지다. 그분에게 오는 이는 아버지께로 오는 것이니, 그분이 모든 이를 아버지께로 인도하시기 때문이다. 그분의 말에 귀 기울이는 제자들은 이중의 말을 듣는 것인데, 바로 그분이 자신들에게, 세상을 향해 공공연히 하시는 말씀을 듣는다. 동시에 그분이 아버지께 드리는 기도에서 자신들에게 하시는 말씀을 듣는다."[1]

묵상하는 이는 들으면서 인간 내면의 단순한 행위가 아니라 하느님을 향해 자신을 여는 믿음을 얻게 되고 그러면서 기도를 지속한다. 듣는 이가 그 자체로 하느님께 돌려 드릴 수 있고 또 돌려 드려야 할 어떤 완성된 것을 건네받는 것이 아니다. 오히려 말씀 안에 놓여 있는 개방성을 통해 그 자신의 개방성 자유로워질 수 있는 은총이 그에게 선사되는 것이다. 이렇게 선사된 자유가 하느님의 성령이시라는 것을 우리는 나중에 숙고할 것이다. 여기에서는 우선 하느님과 인간 사이의 완전한 계약으로서 예수 그리스도는 말씀이라는 그분의 존재에서부터 본질적으로 대화적이라는 사실이 분명해져야 할 것이다. 그러나 이때 그분이 자신의 존재로 전달하는 신인神人적 대화는 언제나 별개의 두 인간 사이의 단순한 대화 이상이라는 점도 함께 알아 두어야 한다.

HANS URS VON BALTHASAR

묵상은 받아들일 것을 위한 공간이 있도록,
내적 고요와 텅 빔을 만들어 내라는 요구로 시작된다.
그러나 우리는 스스로 하느님께로 가는 통로를 낼 필요가 없다.
아이가 해야 할 '준비'는 그냥 아버지의 품으로 뛰어드는 것이다.

2
묵상 소개

무엇인가를 듣고자 하는 사람은 고요한 상태로 들을 준비를 해야 한다. 스스로 말하거나, 자신의 생각, 바람, 걱정들이 그 안에서 시끄럽게 굴면 그것들이 내는 소음으로 인해 들을 수 없다. 그러므로 묵상에 대한 모든 규정은 받아들일 것을 위한 공간이 있도록, 내적 고요와 텅 빔을 만들어 내라는 요구로 시작된다. 보통은 "차단", 무질서하게 흩뿌려진 의식의 "집중", "내면으로 가는 신비스러운 길" 걷기 등을 이야기한다. 그러나 그러한 노력이, 순전히 부정적인 면에서, 하느님으로부터 오는 말씀이 없으므로 그러한 준비가 필요 없는 다른 형태의 묵상과 그리스도교 묵상을 구별하는 적극적인 경청 의지로 꼭 이어진다는 것에 대해선 당연히 의심할 수 있다.

그리스도교적으로 요구되는 침묵은 근본적으로 인간에 의해 이루어질 수 없다. 오히려 믿는 이[신자]는 자신이 들어가야 할, 그래서 아버지와 함께 있게 되는, 조용하고 숨겨진 "골방"(마태 6,6)을 언제나 이미 자신 안에 그리고 동시에 하느님 안에 가지고 있음을 분명히 인식해야 한다. 아마도 철투지 "작은 이들"이 "하늘에 계신 내 아버지의 얼굴을 늘 보고 있는'(마태 18,10), '하늘에 있는 그들의 천사'를 가지고 있는 것과 비슷하게 말이다.

양팔 저울로 달아 보면 한쪽에 올려진 우리 세속적 걱정과 편견은 언제나 위로 오르는 데 반해 다른 편에 올려진 하느님 안에 있는 우리의 존재는 언제나 내려간다. 이는 하느님 안에 있는 우리 존재가 "그지없이 더 큰 의미"(2코린 4,17 참조)를 지니고 있기 때문이다. 우리는 스스로 하느님께로 가는 통로를 만들 필요가 없다. "우리의 생명은" 언제나 이미 "그리스도와 함께 하느님 안에 숨겨져 있기 때문"이다(콜로 3,3 참조).

따라서 묵상을 준비하는 데에 먼저 길고 긴 심리[학]적 전환이 필요한 것이 아니라, 우리의 진정한 중심과 요점이 이미 늘 존재하는 믿음[안에서]의 간단한 깨달음만이 필요하다. 우리는 하느님과 멀리 떨어져 있는 듯 여겨지지만, 그분은 우리 가까이에 계시다. 그러니 그분께 가까이 가려고 애써 노력할 필요가 없다. 오히려 이 비유가 묘사해 주는 것과 같다.

"그가 아직도 멀리 떨어져 있을 때에 아버지가 그를 보고 가엾은 마음이 들었다. 그리고 달려가 아들의 목을 껴안고 입을 맞추었다."(루카 15,20)

그러자 수없이 되뇌며 익힌 아들의 말이 따른다.

"아버지, 저는 아버지의 아들이라고 불릴 자격이 없습

니다. 저를 아버지의 품팔이꾼 가운데 하나로 삼아 주십시오."[루카 15,19]

그러나 아들의 이 말은 이미 집으로 불러들이는 아버지의 몸짓을 앞지르지 못한다.

"어서 가장 좋은 옷을 가져다 입히고 손에 반지를 끼우고 발에 신발을 신겨 주어라."[루카 15,22]

이는 임금의 혼인 잔치 비유와 비슷하다. "모든 준비를 마쳤다."라는 말이 초대받은 이들에게 전달되었지만(마태 22,4), 그들은 오고 싶어 하지 않는다. 하느님의 충만함은 여러 번 청하는 일 없이도 가까이 다가갈 수 있고, "하늘로 올라가는" 긴 여행이 필요하지 않으며, "지하로 내려가는" 침잠도 필요하지 않다(로마 10,6-7 참조). 내게 주시는 하느님의 말씀은 "힘든 것도 아니고 멀리 있는 것도 아니다". 사실 그 말씀은 "아주 가까이 있다. 너희의 입과 너희의 마음에 있기 때문"이다(신명 30,11.14 참조). 아이가 해야 할 "준비"는 그냥 아버지의 품으로 뛰어드는 것이다. 그때 아버지의 사랑, 곧 하느님의 의지와 관심은 자연히 우리 자신의 모든 것보다 우선한다. 그것은 우리가 원하든 원치 아니하든 언제나 이미 하느님께서 알고 계시고 고려하신 일이며 그분의 계획에 들어가 있다.

그러므로 이 묵상에서 준비 기도가 "나의 모든 의향과 내적, 외적 행위가 순전히 하느님께 대한 봉사와 찬미를 지향하도록 우리 주 하느님께 은총을 구하는 것"《영신수련》46항)■이라면, 이러한 청원은 낯선 거리감에서 나온 것이 아니다. 오히려 이 청원은 아이가 행하는 것과 행하지 않는 모든 것의 자연스러운 규범이며 언제나 옳은 아버지의 마음에 아이가 뛰어드는 것이어야 한다. 이것은 또한 마음 준비는 묵상을 통해 우리의 예측과 우리의 이익을

■ 이는 로욜라의 이냐시오의 《영신수련》을 가리키며, 이 책의 다른 곳에 인용된 안티오키아의 이냐시오의 글과 구분된다. ─ 옮긴이 주

얻게 될 것이라는 계산적인 것이 되어서는 안 되며, 바로 신적인 이타적 사랑의 근저로 모든 자기 의지를 몰고 가는 것에 있음을 나타낸다.²

그러나 하느님의 섭리에 대한 이러한 내맡김은 바로 이어질 묵상에서도 자연히 하느님의 은사를 통해 내게 의도된 약속된 말씀의 의미가 드러나길 바라는 청원(《영신수련》 48항)을 포함한다. 하느님의 말씀은 그 자체로 말하고 의미하는 바를 행하는 성사聖事와 같다. 하지만 그러기 위해서는 잘 준비된 부드러운 땅에 씨앗처럼 떨어져야 한다. 그 청원에는 스스로 하느님의 깊이에 접근할 수 있다고 생각하지 않는 겸손이 담겨 있고, 그런 태도는 [하느님께서] 나를 위해 가껴 둔 내용을 얻으려고 진지하게 노력하려는 결심 또한 방해하지 않는다. 단순한 신자라면 여기에서 어떤 긴장조차 느끼지 못할 것이다. 그는 그리스도를 따라 하느님의 뜻을 실행하기 위해 노력해야 한다는 것을 알고 있다. 말하자면 기도 중에 호박이 넝쿨째 떨어지지는 않는 것이다. 그리고 동시에 그는 하느님께서 거저 이루어 주지 않으시면, "일찍 일어나는 것", "지키는 것"과 "집 짓는 것"이 모두 다 헛되다는 것을 알고 있다(시편 127 참조). 그 청원은 아무 형태 없는 공허 속으로 사라지지 않는다. 그것은 아무것도 기대하려 들지 않고, 지금 여기 이 묵상 가운데 나에게 특정한 선물을 주고자 하시는 하느님의 뜻을 향해 나아간다. 곧 이런 마음이다. **당신께서 제게 보여 주고 선사하고자 하시는 그것을 당신께 원하나이다.**

그러나 아직 하나의 사정이 더 남아 있다. 하느님께서 내게 건네시는 말씀은 언제나 구체적이며, 바로 예수 그리스도께서 이 땅에서 하느님의 말씀을 나타내신[계시하신] 곳에서 나를 기다린다는 사실이다. 복음서들은 우리에게 예수님의 활동 분야, 대화, 지시, 기적들을 알려 주는데, 이 모든 것은 앞에서 보듯이, 세상에 대한 하느님의 말씀이다. 인간의 말과 복음사가들의 글자를 통해 전달되는 하느님의 말씀을 통해 우리는 하느님 자신이 의도하신 말씀을 간파해야 한다.

지금은 전달 그 자체에 성서주석학적으로 머물러 있을 때가 아니다. 그러한 노력은 묵상 시간 외에 유용한 연구를 통해 수행될 수 있다. 지금 나는 다른 [성경] 본문들과 수평적으로 비교하여 상대화할 수 있는 본문 앞에 서 있는 것이 아니라, 수직적으로 그 높이와 깊이에서 하느님의 말씀과 직접 대면하는 본문 앞에 서 있다. 물론 나는 믿음을 가진 그리스도인으로서 한 가지를 잊어서는 안 된다. 하느님의 최종 말씀이신 예수 그리스도는 개별적 문장에 고정될 수 없고, 오직 그분의 총체적 은명 안에서만 이해될 수 있다는 점이다. 곧 우리를 위해 사시고, 우리를 위해 죽으시고 또 우리를 위해 부활하신 분으로서 이해되어야 할 것이다.

이렇게 나누일 수 없는 '한 분'으로서 그분은 삶과 죽음과 부활 가운데서 당신의 모든 개별적 말씀과, 모든 낱낱의 거동과 장면에 존재하신다. 나는 믿음으로 이러한 일치에 대해 알고 있으며, 이 믿음으로 이제 그분의 개별적 말씀을 묵상한다. 호숫가에서, 폭풍 속 물 위에서, 성전에서, 군중들 사이에서, 제자들 무리 가운데서, 올리브산과 십자가의 길에서…….

낱낱의 모든 것이 구체적이고, 그것은 감각과 상상력으로 묘사되어야 한다. 그러한 것 없이 단순한 이해는 결코 인간적이지 않을 것이고, 사람이 되신 말씀과도 전혀 일치하지 않을 것이다. 신자의 감각과 상상력은 그 자체로 저절로 "영적" 감각과 "영적" 상상력이 된다. 그때 그것들은 믿음에 봉사하며, 하느님을 향해 열려 있는 "대상", 곧 하느님을 계시하는 인간 예수 그리스도와 함께 자기 편에서도 신적인 것에 자신을 연다. 하느님과 접촉하기 위해 감각, 상상력, 유한한 개념들을 도외시하려는 것은 자신을 "길"이요 "문"이라 칭한 분에게서 그저 멀어지게 할 뿐이다. 예수님의 몸에서 "힘"이 "나가지" 않고는 여러 해 동안 병을 앓던 이가 치유될 수 없고, 예수님께서 눈먼 이의 눈에 자신의 침을 바르지 않으시면 그 사람은 볼 수 없다. 그분께서 제자들에게 당신 육체의 숨을 불어넣지 않으시면 그들은 성령을 받을 수 없다. 예수님의 몸은 이제 하느님께서 거하시는 성전이다(그분은 그걸 아신다: 요한 2,21). 신자들이 하느님께 다가가는 최고의 방법은 우리를 위해 희생되신 예수님의 살과 피의 성찬의 신비 안에서 이루어진다고 생각한다면, 묵상을 통해 육체적인 것에서 "순수 영적인 것"으로 자신을 "고양"하려는 모든 시도는 그리스도인의 여정에 적절하지 않다고 거부할 것이다.

그러나 다시 한번, 이 세 부분으로 된 역사(죽을 운명의 삶, 죽음, 하늘에서의 그리고 성사들 안에서의 영원한 삶)를 지니신 예수님께서 여러 가지 갈쯤으로 구성되어 존재하시는 것이 아니라, 하느님이시며 인간인 비길 데 없는 인격으로서 언제나 나누일 수 없는 한 분이라는 인식으로 되돌아가 보자. 만일 그분이 한 문장을 말씀하신다면, 하나의 비유를 이야기하신다면, 하나의 기적을 일으키신다면, 그분은 언제나 바로 그 시점에서 하나이며, 살아 계시고 삼위일체이신 하느님을 계시하시는 한 분으로서 파악할 수 있다. 그러므로 우리가 더 많은 "자료"를 통해 더 많은 지식을 얻거나 더 쉽게 접근하기 위해, 말씀, 비유, 기적 말

제1장 아버지의 말씀인 아들　37

고 다른 것들을 더 찾아볼 필요가 없다. 순전히 세속적인 관점에서 보면 제한적으로 보일 수 있는 이 하나 안에 우리가 이 묵상에서 필요로 하는 모든 것이 놓여 있다. 곧 한 분이시며 이러한 일치 안에서 전체이신 하느님께서 우리에게 말씀하실 수 있는 것을 듣기 위해 필요한 모든 것이 있다. 이른바, 더 나은 정보를 얻기 위해, 자신의 지식을 확충하기 위해 [본래 목적에서] 벗어나는 것은 산만함의 한 형태일 것이다.

묵상 가운데 예수님의 존재Existenz의 내적 변화에서 기껏해야 하나의 단어나 비유 또는 기적이 관찰될 수 있다. 이를테면 "마음이 가난한 자는 복되다."라는 행복 선언은, 우리가 그 선언을 무엇보다도 먼저 인간 예수의 말씀으로 들었을 때 그 말씀에 담긴 부요함을 열어 준다. 곧 그분 자신이 아버지 앞에서 얼마나 가난하게 서 있는지, 성령께서 자신에게 가져다주시는 아버지의 양식에 얼마나 의존하고 있는지, 나아가 그분이 행복 선언으로 제자들과 청중을 하느님 앞에서의 그러한 가난으로 어떻게 초대하시는지, 그리고 마침내 그분이 구약의 가장 심오한 예견, "가난한 야훼"를 자신의 이 행복 선언에서 어떻게 결정적인 빛으로 표현하시는지 알게 해 준다. 그러나 인간 예수의 말씀은 그 자체로 고통받는 자 안에서 궁극적 깊이를 얻는다. 그분의 모든 말씀은 이미 언제나 수난과 관련하여 말씀하신 것이며 수난에서 차용한 것들이다. 예컨대, 예수님께서 십자가에서 모든 죄를 속죄하고 속량하실 것이기 때문에만, 그분이 고난을 겪으시기 전에 이미 죄를 용서하실 수 있는 것과 같이, 영적 가난이 궁극적으로 무엇인지도 오직 거기[십자가]에서만 드러난다. 하지만 그럼에도 어떤 신자도 십자가에서 멈출 수 없다. 왜냐하면 십자가에서 실현된 최고의 사랑이 부활의 "복됨" 안에서 "하늘나라는 그들의 것이다."라는 현현顯現으로 명백하게 나타나기 때문이다. 물론 이 두 가지는 이미 이전에도 진실이었지만 이제 분명히 입증되고 있다. 여기에서 가난이라는 말은 결코 시대에 뒤진 낡은 것이 아니라, 오히려 하느님 안에 완전히 복된 가난이 있음을 증명한다. 말하자면 어떤 신적 위격도 자기 자신을 위해 무언가를 취하려 하지 않으며, 완전한 신성神性은 모든 것을 오직 다른 위격에 대한 헌신 안에서만 가지길 원하기 때문이다(그렇지 않으면 우리는 나란히 세 신神을 모시게 될 것이다). 그러므로 삶과 죽음과 부활을 통해 동일한 예수님의 동일한 말씀이 지상과 지옥의 몰락 그리고 천국에 똑같이 적용된다. 따라서 그분의 진리는 우리가 꿈꿀 수 있었던 것보다 훨씬 포괄적이고 보편적이며 또 신적이다. 그리고 물론 이 넷째 상황[지상, 지옥의 몰락, 천국과 함께 교회의 실존]도 거기에 속할 것이다. 곧 이러한 가난의 행복은 또한 교회의 심장인 성찬례 안에서 그리고 그와 함께 교회의 전체적 실존에서 입증된다. 그럼에도 예수님의 행복은 그분을 받아 모시는 모든 이에게 그리고 그들을 통해 결국 모든 이에게 삶의 터전이 될 수 있도록 당신 자신을 완전히 내어놓으시는 것이다. 그것이 그분의 "정신"이며 그분의 마음이고, 이는 동시에 그분이 당신의 영원한 가난 속에서 우리에게 전달하시는 성령이다.

이 모든 것은 예수님께서 당신의 말씀 안에 전체로서, 또한 그분의 역사 전부에 걸쳐서도 전체로서 포함되어 있음을 나타내는 하나의 설명적 예시일 뿐이다. 곧 그분은 한마디로 인간이 마땅히 제자가 되어야 할 인간의 이상理想, 그리스도 자신인 이상이며 또한 삼위일체이신 하느님인 이상임을 표현하실 수 있다는 것이다. 그것으로써 예컨대 엄격하게 적용할 수 있는 어떤 방법이 아니라, 다만 일치 안에서 차원의 풍부함만이 제시되어야 할 것이다.

**HANS URS VON
BALTHASAR**

예수님께서는 지상에서 당신이 하신 전무후무한 활동이
영원히 지속될 것임을 알고 계신다.
그럼에도 그분은 당신의 말씀과 행위와 고통에 담긴
이러한 현실성을 성령께서 모든 시기에 실현하도록 맡기신다.
이는 실제적인 재현, 현재로 만드는 것에 관한 것이다.

3

성령의 빛

그리스도인으로서 묵상하는 이는 오직 그에게 선사된 신적인 영을 통해서만 하느님 말씀의 광대함을 깨달을 수 있다. 그에게 전달되는 하느님의 영을 통하지 않고, 당신 자신을 드러내시는 하느님의 내면이 무엇인지 어떻게 이해할 수 있겠는가(1코린 2,1 참조)?

이것은 묵상하는 이가 극상하고자 하는 장면으로 가능한 한 구체적으로 들어가려고 노력해야 한다는, 자주 반복된 묵상 지침을 고려할 때 즉시 명확해진다. 곧 그는 목자 가운데 한 사람으로 베들레헴의 마구간에 있어야 하고, 이집트로 가는 여정에 따라가야 하며, 나자렛의 목수인 예수님께 물품을 주문해야 하고, 카파르나움 회당에서 병의 치유가 일어날 때 그 자리에 있어야 하며, 기적적으로 배불리 먹은 오천 명 가운데 속해 있어야 한다는 것…… 등이다.

이러한 노력은 묵상하려는 것이 구체적으로 구원을 담고 있는 것으로 나타나고, 무력하게 추상화되어 사라지는 것이 아니라면 반드시 필요하다. 그러나 자신이 [그 장면으로] 들어가는 이 모든 행위는, 성령이 인간의 모든 노력에 앞서 언젠가 역사적으로 일어난 일을 역사의 모든 시간을 초월하여 항상 존재하게 했다는 훨씬 더 깊은 믿음을 통해 정당화되지 않는다면, 한낱 의심스러운 심리학적 실험으로 머물러 있을 것이다. 그러므로 묵상하려는 장면은 언제나 내가 현재화나 "동시성"을 얻으려 애쓰기 이전에 이미 현재하는 것으로 놓여 있다.

예수님께서는 지상에서 당신이 하신 전무후무한 활동이 영원히 지속될 것임을 알고 계신다.

"하늘과 땅은 사라질지라도 내 말은 결코 사라지지 않는다."(마태 24,35)

그럼에도 그분은 당신의 말씀과 행위와 고통에 담긴 이러한 현실성을 성령께서 모든 시기에 실현하도록 맡기신다. 그것은 단순히 역사적으로 전무후무했고 지나가 버린 것을 기억 속에 떠올리는 것이 아니라, 실제적인 재현, 현재로 만드는 것에 관한 것이다.

여기에서 말씀과 성체 사이의 밀접한 상응이 불가피하게 떠오른다. 성령에 의해 실행된 생생한 재현을 복음의 말씀(우리가 본 바와 같이, 그것은 주님의 말씀과 마찬가지로 그분의 행위와 고통과 부활을 포함한다)에도 함께 두지 않고, 오직 성체에만 두는 것은 잘못된 일일 것이다. 오리게네스는 이것을 에제키엘 예언자와 묵시록의 환시가 (두루마리 형태로) 그 말씀을 먹으라고 명령받은 구절을 가리키며 아주 강력하게 역설한 바 있다. 그 교부[오리게네스]는 "성령의 참된 음식은 말씀"임을 알고 있다.

"말씀보다 영혼을 더 살찌울 것이 무엇인가?"

"세속의 빵이 영양을 공급받는 몸 안에 받아들여져 그 존재 속으로 들어가듯이, 그렇게 '하늘에서 내려온 살아 있는 빵'(곧 하느님의 말씀) 또한 영과 혼에 흡수되어, 그 음식에 자신을 바치는 사람에게 그분 자신의 힘을 전달한다."

그러므로 신자들에게 다음 사실을 명심하게 해야 한다.

"거룩한 신비에 참여할 수 있는 여러분은 주님의 몸이 여러분에게 주어질 때, 온갖 주의와 경외심으로 그것을 지켜 그분의 몸에서 한 조각도 땅에 떨어지지 않도록 해야 하는 것을 알고 있습니다. 그러나 여러분이 그분의 몸을 보호하기 위해 그렇게도 대단한 주의를 기울인다면(그리고 여러분은 당연히 그렇게 합니다) 어떻게 하느님의 말씀을 소홀히 하는 것이 그분의 몸을 소홀히 하는 것보다 더 사소한 잘못이라고 생각할 수 있습니까?"[3]

하느님의 로고스(말씀)는 하나로 된 전체이다. 그분의 육신[물리적인 몸]은 마찬가지로 물리적으로 표현된 그분의 말씀(이것은 언제나 그분의 모든 차원에서 취해진 것이다)과 분리될 수 없다. 그러므로 미사성제 안에서도 말씀과 성체는 분리될 수 없으며, 묵상 가운데서도 똑같은 일치가 이루어진다. 그리고 이 일치를 이루는 명백한 의식意識은 본질적으로 성령의 활동에 속한다.

이러한 현실화를 통해 묵상하는 이는 결코 "시간을 초월한 의미"를 가질 수 있는 한 텍스트 앞에 있게 되는 것이 아니라, 그 안에 감춰진 사건 자체 앞에 있게 된다. 이는 곧 그 사건을 현재화하는 것으로, 그 뒤에 놓여 있는, 수천 년의 세월로 인해 낡고 닳은 것으로 보이게 하는 모든 것을 잃어버리게 만든다. 그렇다. 그 사건은 지금 내게 현재하며, 완전히 새롭고 건드려지지 않은, 신성한 싱싱함으로 있는 것이다. 마치 그것이 나를 위해, 정확히 나를 위해 처음으로 의도된 것처럼. 그리하여 그것은 모든 방면으로 내게 제시되고 근본적으로 열린다. 겐네사렛 호숫가 장면을 현재화하는 일은, 그것과 동시에 그 안에서 일어나는 일이 항상적이며, 더 나아가 영원하다는 의미가 내게 떠올라야 한다. 그렇지 않다면 그다지 의미가 없을 것이다. 신인神人, 예수님께서 눈먼 이를 보게 하고, 땅에 엎드린 여인을 일으켜 세우며, 열병을 앓던 또 다른 여인을 낫게 하여 일어나 그의 시중을 들 수 있게 하는 것⋯⋯ 등은 무엇을 의미하는가. 거의 수를 셀 수 없는 이 모든 각각의 사건은 지상에 확고한 기반을 두고 있지만, 그 [세력] 범위는 거룩한 삼위일체적 삶의 헤아릴 수 없는 무한한 높이에까지 미친다. 영靈은 지상의 것을 "영화靈化"하는 것이 아니라, 육화 안에 놓여 있는, 하느님의 무한한 자기 계시를 보여 준다. 그리고 이것은 이미 언급했듯이, 일반적으로 말하는 철학적이나 과학적 진리의 시대 초월성에서가 아니라, 내가 이 영향을 받는 (영이 하느님의 무한한 자기 계시를 보여 주는) 것에 나를 내맡길 때, 그것의 유일무이하고 역사적인, 그러나 추월할 수 없는 현재성에서 직접 나를 향해 다가온다.

물론 이 모든 것은 묵상하는 이가 개인적으로 더 이상 노력할 필요가 없다는 것을 말하는 것이 아니다. 다만, 마치 영화에서처럼 영에 의해 열린 무엇이 나타날 수 있음을 의미한다. 그러나 그것은 아마 그가 "신성神性의 깊이를 [자세히] 탐구하는" 영 없이는 그렇게 깊게까지 결코 파고들 수 없다는 것을 의식하고 있어야 함을 의미할 것이다. 영은 순수 인간적 시선에는 감추어져 있지만 감각적 육화 안에서 이미 드러난 이러한 신비를 밝혀내는 데 진정한 전문가이다. 영이 우리가 묵상하는 객관적 신비 안에 그리고 우리 자신의 주관적 깊이 안에 동시에 존재하고 있기에, 그러니까 우리를 신비로 인도하는 다리로서 존재하고 있기에 더욱 그러하다. 나아가 그 영은 "인도하는"(로마 8,14 참조) 영일뿐만 아니라 바로 종전까지의 것에서 "내보내는"(마르 1,12 참조) 영이기도 하다. 그리하여 우리가 피상적으로 발견된 어떤 것에 멈추지 않고, 더 크신 하느님을 계속 의식할 수 있도록 해 준다. 영은 안절부절못하는 것을 원치 않지만, 게으른 평온 또한 용납하지 않는다. 그것은 탐색과 발견, 움직임과 쉼 너머에서 불고 있다. 곧 우리는 하느님 안에서 새로이 활기를 찾을 수 있다. 그러나 우리 자신 안에서는 찾을 수 없다.

제2장

묵상의 실행

묵상의 실행에 대한 지침들을 문헌에서 찾아보기란 쉽지 않다. 있다고 해도 그것들은 대부분 결정적인 중심부를 건너뛰고, 시작과 다양한 준비 행위들을 폭넓게 다루며, 그런 다음 다시 습득된 명상과 주입된 명상 그리고 그들 상호 간의 구분에 대해 다루는 최종 단계로 넘어간다. 대신 영신수련에 대한 추가적인 지침이 있는데, 그것은 더욱 추상적인 신앙의 진리에 대한 "묵상"을 위해서는, 먼저 우리가 염두에 두고 있는 대상을 현재화하고, 그런 다음 우리의 이성理性으로 그것을 면밀하게 살펴보라는 것과

(그러나 그것이 어떻게 수행돼야 하는지는 거의 설명하지 않는다), 그리고 나서 숙고하여 알아낸 것을 우리의 의지로써 우리 자신의 행위에 적용하라는 것이다(《영신수련》 50항). 그러나 좀 더 자세히 들여다보면 "관상"을 위한 준비 지침 안에, 묵상하는 장면 속으로 우리를 생생하게 옮겨 놓는, 단순한 시작이 아니라 이미 전체 묵상의 실행을 결정하는 데 도움이 되는 무언가가 있다. 먼저 그것을 알아보기로 하자.

HANS URS VON BALTHASAR

모든 은총에는 그에 상응하는 요구가 포함되어 있고,
모든 묵상은 이미 그 자체 안에 회심의 요소를 포함하고 있다.
결국 변화는 나를 바라보시는 그분의 시선에서 나오는 것이다.

1
현존

이 주제에 대해서는 이미 많은 것이 암시되었다. 하지만 이제는 중심으로 나아가야 할 때다. 우리가 복음서의 어떤 말씀이나 장면을 묵상할 때, 우리는 본문[자체]이 아니라 그것이 무엇에 관한 것이며 또 무엇을 가리키고 있는지를 묵상한다. 바로 예수 그리스도의 인격이다. 이것은 앞서 말한 것 이상의 의미를 갖는다. 곧 영靈이 수천 년 너머에 있는 그 장면을 우리 앞에 놓아둔다면, 그것은 오히려 예수 그리스도께서 이 본문을 계기로, 더 자세히 말하면 이야기하는 그 본문을 통해, 그분에 관해 정확히 보고하는 말 또는 기적을 통해 당신 자신을 현존하는 분으로, 우리에게 관심을 기울이는 분으로 드러내신다는 것을 의미한다. 그러니까 단순히 하느님께서 어디에서나 세상에 두루 계시는 보편적 존재이시기 때문이 아니라 바로 그 말씀, 그 몸짓 또는 그 행위 안에 자신을 구체화한 현재 때문인 것이다. 앞에 놓여 있는 글자들에서 영靈으로가 아니라 살아 계시는 주님으로의 전환이 많은 이들에게는 어렵게 여겨지지만, 사실 근본적으로 그것이 가장 단순한 일이다. 나는 내 주님 앞에 서 있고, 그분께서는 친히 내게로 당신 몸을 돌리신다. 이러한 애정이 그분 자신이다. 그분이 그 말씀인 한, 곧 그것이 말이든 침묵이든, 아버지께 대한 환호든 예루살렘에 대한 눈물이든, 경고든 위로든, 겸손한 몸짓이든 위엄 있는 태도이든 간에 그분의 모든 인간적 형태 안에 있는 아버지의 말씀인 한 그러하다. 어떻든 그분은 말씀이시다. 그리고 그 말씀은 바로 지금 내게 하시는 것이다.

그러나 사람들 사이에서도 말을 건다는 것은 이미 그

사람의 애정과 결코 분리될 수 없다. 곧 사람은 자신을 표현하고 싶어 하고, 관심받고 또 존중받기를 원한다. 그러므로 예수님 말씀의 온갖 방식 안에 당신 자신을 한 인격으로서, 아버지의 말씀으로서 알리고 선사하고자 하시는 그분 자신이 있다. 그 구체적인, 발설된(또는 침묵한) 말은 그분 자신인 말씀과 분리될 수 없다. 그리고 그분이신 이 말씀은 예컨대 단순히 우리의 감각적이거나 영적인 귀에까지만 닿으려 하는 것이 아니라, 말을 걺으로써 우리의 내면 가장 깊은 핵심에 있는 우리의 인격을 만나고자 한다. 그래서 이전에 말씀과 성체가 아주 밀접하게 관련되었을 때 묵상이 영성체와 비유될 수 있었다. 우리 앞에 서 계시는 것처럼 보이는 그리스도께서 함께 식사하시기 위해 우리의 존재 속으로 들어가게 해 달라고 요구하신다.

"보라, 내가 문 앞에 서서 문을 두드리고 있다. 누구든지 내 목소리를 듣고 문을 열면, 나는 그의 집에 들어가 그와 함께 먹고 그 사람도 나와 함께 먹을 것이다."(묵시 3,20)

우리는 예수님에게서 이루어지는 이 상호 간의 식사가 무엇을 의미하는지 안다. 그것은 가장 깊은 내면의 교환에까지 나아가는데, 곧 모든 이가 다른 사람의 음식이 되는 것이다.

묵상 가운데 일어나는 이러한 교환은 성체가 보여 주는 (외관상으로만) 동일한 형태를 지닌 것이 아니며, 오히려 복음 말씀의 온갖 변형을 통해 그것의 무한한 부요를 보여 준다. 참으로 복음서에 나오는 예수님의 모든 말씀에서 우리는 우리 자신을 그 말씀의 수신자로 이해할 수 있고 또 이해해야 한다. 제자들에게 훈계하고 위로하거나 심지어 경고하는 말씀에서뿐만 아니라, 바리사이들에 대한 아주 냉혹한 질책의 말씀(마태 23장)에서도 그러하다. 이 말들 또한 그저 과거의 가치만 가지고 있는 게 아니라, 교회를 위해, 우리를 위해 현재적 가치도 지니고 있다. 말하자면 우리와 관계되지 않는 장면은 없다. 예컨대 바리사이인 시몬의 집에서의 장면을 보자. 이 장면에서 우리는 이 바리사이에게 하신 말씀과 함께, 예수님 발치에 있는 죄 많은 여인에게 하신 말씀 또한 들을 수 있다. 두 말씀 다 전적으로 우리와 관련이 있다. 그리고 매번 그 개별적 말씀은 우연한 발언이 아니라 예수님의 본성에 대한 표명이다. 곧 무한히 풍부하면서도 결코 모순되지 않는, 언제나 일치를 이루는 그분 본성의 표명이다. 반면에 우리 편에서는 예수님의 표명과 대조를 이루는 다양성이 존재한다. 곧 우리는 배은망덕한 자, 빗나간 자, 회심하지 않은 자들이며, 반전과 관심을 좇는 자들이고, 자신들이 할 일에 대해 결코 확신할 수 없어 예수님께서 "너희들도 가겠느냐?" 하고 물어보실 수도 없을 것 같은, 부르심 받은 자들이다(그런데 그들 모두, 거의 모두 결정적 순간에 도망치지 않았던가?). 그러므로 예수님의 말씀과 거동에 대하여 우리가 '그것은 나와 상관없다.'라고 말할 수 있는 것은 도무지 없다.

이와 관련하여 유의해야 할 것은 그리스도인으로서 우리는 오직 신약 성경적으로만 묵상할 수 있다는 것이다. 곧 우리의 죄를 짊어지심으로써 동시에 우리의 구원자가 되신 분 말고는 우리 죄에 대한 어떤 다른 심판관도 상상해선 안 된다. 《영신수련》에 나오는 다섯 가지 죄에 대한 묵상은 모두 십자가에 못 박히신 분과의 "대화"로 이어진다. 마지막의, 지옥에 대한 아주 진지한 묵상 역시 구원자에 대한 감사로 끝이 난다. 곧 저주의 위험 속에 빠져든 채 "내 삶을 마치도록" 나를 버려두시는 것이 아니라, 오히려 내게 "끊임없이 그토록 큰 동정심과 자비를 보여 주신" 구원자에 대한 감사로 맺어진다(《영신수련》 71항). 물론 "완전한 사랑은 두려움을"(1요한 4,18) 쫓아내지만, 우리는 결코 그러한 사랑이 우리에게 있다고 생각하지 못할 것이다. "두려움은 벌과 관련이 있고" 그것은 자신이 자초한 것임을 우리는 알고 있다. 그러나 우리는 이 벌을, 우리를 정화하고자 하시는 하느님 자비의 형태로 이해할 수 있으며, 그런 의미에서 하느님께로부터 그 벌을 받아들일 준비가 되어 있다고 확언할 수 있다. 이것은 광범위한 주제이다. 왜냐하면 우리가 지은 죄에 대한 벌 받을 준비가 모든 죄에 대한 예수님의 연민과 분리될 수 없기 때문이며,

그러므로 아는 자이든 알지 못하는 자이든 다른 이의 죄에 대하여 함께 속죄할 각오와도 무의식적으로 연결되어 있기 때문이다.

예수님께서는 복음서에서 하느님의 말씀으로서 우리에게 가장 직접적으로 현존하시므로 우리의 묵상은 아주 기꺼이 복음서에 따를 것이다. 그러나 사도들의 서간 또한 직접적으로 그분에 관해 말하든, 아니면 그리스도인의 삶에서 그분의 자기표현에 관해 말하든(바로 자기 자신을 전적으로 예수님을 근거로 해석하는 바오로의 전체 실존에서처럼) 그분 자체를 우리 눈앞에 생생하게 나타낸다. 또는 사도행전에 나오는 복음의 반향, 구약에서 장차 올 메시아 안에서의 성취와 관련하여 말한 모든 것이 다 예수님을 드러낸다.

"너희는 성경에서 영원한 생명을 찾아 얻겠다는 생각으로 성경을 연구한다. 바로 그 성경이 나를 위하여 증언한다. 그런데도 너희는 나에게 와서 생명을 얻으려고 하지 않는다. …… 너희가 모세를 믿었더라면 나를 믿었을 것이다. 그가 나에 관하여 성경에 기록하였기 때문이다."(요한 5,39-40.46)

그럼에도 구약 성경의 말씀과 사건들에 대한 묵상은 그것이 그 완성자의 현존 안에서 그분의 충만함을 향해 행해지지 않는다면 그리스도인답지 않은 것이 될 것이다.

마지막으로, 우리는 현존하시는 주님을 어떤 대상이나 관념처럼 묵상할 수 없고 다만 아버지께서 우리에게 주신 선물이며, 따라서 우리에게 어떤 요구를 하시는 분으로만 묵상할 수 있다. 모든 은총에는 그에 상응하는 요구가 포함되어 있고 모든 묵상(이론, Theoria)은 이미 그 자체 안에 회심의 요소(실천, Praxis)를 포함하고 있기 때문이다. 그러므로 묵상할 때는 이성理性의 행위와 의지의 행위 사이에 명확한 구분이 없다. 주님의 빛에 압도되어 땅에 엎어진 바오로는 오직 **한 가지** 대응만 할 수 있지 않았던가.

"주님, 제가 무엇을 하기를 원하십니까?"■

묵상하는 이의 시선은 자기 자신에게 도덕적 적용을 하기 위해 일찌감치 예수님에게서 떠나야 할 것이 아니라, 자신을 똑바로 바라보면서 더 잘 보고, 더 깊이 이해하기 위해 자기 상황의 변화 또한 언제나 염두에 두어야 할 것이다. 변화는 결국 나 자신을 바라보는 내 시선에서나, 오직 예수님을 바라보는 내 시선에서 나오는 것이 아니라, 오히려 나를 바라보시는 그분의 시선에서 나오는 것이다. 곧 "마음의 생각과 속셈을 가려[내시는 분의 시선에서] …… 그분 눈에는 모든 것이 벌거숭이로 드러나 있습니다. 이러한 하느님께 우리는 셈을 해 드려야 하는 것입니다."(히브 4,12-13 참조)

■ 사도 9,6 참조. 실제 성경 본문은 "주님, 주님은 누구십니까?"로 되어 있으나, 발타사르의 원문 표현대로 옮겼다. ─ 옮긴이 주

HANS URS VON
BALTHASAR

하느님과 예수님의 침묵은 결코 무의미하지 않다.
그것은 선언보다 더 강력하게 그 진정한 본질을 표명하는 방식이다.
예수님께서는 말씀하시면서뿐만 아니라
침묵하시면서도 활동하신다.
다시 말해, 로고스는 침묵을 통해서 자신을 표명한다.
하느님께서 잃어버린 상태에 있는 우리를 여전히 데려
내오실 것이라는 사실을 이보다 더 공공연하게 선포할 순 없다.

2
침묵하는 말씀

 예수님께서 아버지의 말씀이라는 사실, 곧 그분이 다른 이들과 이야기를 나누실 때뿐만 아니라, 인간적인 모든 태도와 행동을 포함하는 그분의 전全실존에서도 그렇다는 사실은 이미 앞에서 언급하였다. 그분이 명백히 말씀하시고 가르치실 때, 그것이 그분 자신의 내적 존재의 차원, 그분의 자기 이해의 차원, 아버지로부터의 파견의 차원, 아버지로부터 그리고 아버지를 향한 그분의 삶의 차원으로 안내할 때만 그 말들은 의미가 있다. 발설된 그 말은 마치 땅에 서서 위를 향해 무한히 열리는 삼각형의 꼭

짓점과 같다. 그분의 말씀은 다만 이 열림[개방]으로 올라가는 데 필요한 동인動因일 뿐이다. 그것은 맨 먼저 고생하며 무거운 짐을 진 자들을 초대한다.

"나에게 오너라. 내가(내 말이 아니라) 너희에게 안식을 주겠다."(마태 11,28)

그러나 자기 안에 갇힌 로고스는 생기를 불어넣을 수 없을 것이며, 그가 자신보다 더 먼 곳, 곧 아버지의 원천에서 오지 않는다면 그저 말라 버릴 것이다. 그런데 그분은 더 나아가 성령을 가리켜 보여 주신다. 그분 자신이 마시는 자 안에서 "영원한 생명"이 솟아나는 물을 주실 수 있기 때문이다(요한 4,14 참조).

그것만이 그분 말씀의 의미다. 발설된 말씀의 끝이 위를 향해 열리지 않은 곳에서("그들은 그분이 아버지로부터 그들에게 말하고 있다는 것을 깨닫지 못했다.") 그분은 대화를 중단하신다. 비록 "나는 여전히 너희에 대해 할 말이 많고 또 바로잡아야 할 것이 많지만", 곧 "처음부터 내가 너희에게 말해 오지 않았느냐?"▪하고 말씀하신다 하더라도. 이미 요한 복음서의 대부분의 논쟁에서 "귀머거리들의 대화"였던, 이러한 대화의 중단은 로고스의 깊이로 파고들어 가라는 모든 초대가 처음부터 헛되이 되고 마는 수난에서 결정적으로 일어난다. 그래서 예수님께서는 카야파 앞에서(마태 26,63 참조), 헤로데 앞에서(루카 23,9 참조) 그리고 마지막으로 빌라도 앞에서도(마태 27,12.14; 요한 19,9 참조) 침묵하시며, 오직 자신의 침묵을 통해서만 말씀하신다.

"학대받고 천대받았지만 그는 자기 입을 열지 않았다. 도살장에 끌려가는 어린 양처럼, 털 깎는 사람 앞에 잠자코 서 있는 어미 양처럼 그는 자기 입을 열지 않았다."(이사 53,7)

▪ 요한 8,25 참조. 이 성경 구절에 대한 발타사르의 원문 표현은 "내가 대체 너희에게 여태껏 무슨 말을 하고 있는 것이냐?"이다. — 옮긴이 주

그것이 하느님 침묵의 완성이다. 곧 그분의 말씀이 더 이상 의미가 없다. 그래서 그분은 당신의 예언자 에제키엘 또한 밧줄로 묶고 입을 다물게 하신 것이다(에제 3,25 이하). 그는 (예수님의 십자가의 길 역시 말 없는 몸짓을 통한 큰 소리이듯이) 예루살렘에서 온 피난민 한 사람이 유배자들에게 그 도시의 멸망을 알리고 그리하여 백성이 야훼의 말씀이 참됨을 알게 되는 날까지 상징적인 몸짓으로만 말하게 된다(에제 24,27; 33,22). 그러나 이 야훼의 말씀이 참되다는 것은 신약 성경적으로 예수님의 십자가상 말씀 안에서 비로소 성취된다. 그분은 버림받음의 외침 속에서 아버지의 궁극적 진리를 선포하시지만, 동시에 큰 외침으로 아버지의 말 없는 손에 당신 자신을 맡기신다. 그리하여 죽음의 날, 성토요일에 그 무언의 말씀이 그럼에도 [굉굉히] 울려 퍼지는 말씀이 되도록.

먼저 말해야 할 것은 하느님과 예수님의 침묵은 결코 무의미하지 않다는 사실이다. 그것은 선언보다 더 강력하게 그 진정한 본질을 표명하는 방식이다. 안티오키아의 이냐시오는 그것에 대해 많은 것을 알고 있었고, 이미 자기 자신의 수난 안에서 그것에 관해 말하고 있다.

"침묵하며 존재하는 것이 말하면서 존재하지 않는 것보다 더 낫다. 가르침이란 우리가 말한 것을 행할 때 좋은[유익한] 것이다. 그러므로 말씀하시고 그것을 이루신 오직 한 스승(곧 그리스도)만이 있으며, 그 밖에 그분이 침묵하며 행하신 것 또한 아버지께 합당하다. 참으로 예수님의 말씀을 소유한 사람은 그가 완전해지도록, 그가 (예수님처럼) 자신의 말로 일하고 또 자신의 침묵으로 깨닫게 되도록, **그분의 침묵 또한 들을 수 있다.**"(Eph 15,1-2)■

예수님께서는 말씀하시거나 침묵하시면서도 활동하신다. 그러니 그분을 따르는 사람은 그분의 침묵으로 가르

■ Eph는 '안티오키아의 이냐시오가 에페소인들에게 보낸 편지'의 약자이다. 이로써 신약 성경의 '에페소 신자들에게 보낸 서간'과는 구별된다. — 옮긴이 주

침을 받을 수 있다. 말하자면 그것은 하느님의 침묵과 같은 의미 있는 침묵이다. 둘론 [안티오키아의] 이냐시오도 "당신 아들, 곧 침묵에서 나온 당신 말씀인 예수 그리스도를 통해 자신을 계시하신 한 분이신 하느님"에 대해 말한다(Magn 8,2)▪. 그리고 마리아의 잉태와 주님의 탄생과 죽음에 대해서, "하느님의 침묵hesychia 속에서 이루어진, 큰 소리로 외치는 세 가지 신비mysteria kraugês"(Eph 19,1)로 말한다. 하느님의 이러한 침묵 속에서 "큰 소리로 외치는 신비들"이 성취되지만, "세상의 제후들"은 그것을 들을 귀가 없다. 그러니까 구세주의 잉태와 탄생과 죽음은 큰 소리지만 들리지 않는 말이다. 하지만 그런 경우 로고스가 나오는 아버지의 침묵은 영지주의적으로 해석될 수 있다(마치 로고스 뒤에 있는 침묵의 심연이 원신原神인 것처럼). 이는 아들이 언제나 이미 아버지로부터 나왔다는 사실과 모순되

▪ Magn은 '안티오키아의 이냐시오가 마그네시아인들에게 보낸 편지'의 약자이다. — 옮긴이 주

는데, 요한 복음서 머리글에서는, 예수 그리스도는 "한 분이신 아버지에게서 나오셨고, 그 한 분 아버지와 함께 계시다가 아버지께로 돌아가셨다."(Magn. 7,2)는 의미로 언급하고 있다. 여기에서 언제나 이미 로고스적인 것, 곧 아버지의 의미심장한 침묵이 이 말씀의 기원과 동일시된다. 그리고 이로써 로고스가 침묵을 통해서도 자신을 표명할 수 있다고 앞서 말한 것이 확증된다.

성토요일의 신비도 여기에서 예외가 아니다. 예수님께서 죽음의 침묵을 통해 우리와 연대하게 되셨다는 것은 "큰 외침kraugē"일 뿐만 아니라, 그분이 하느님의 생명으로부터 떠나 돌아가신 죽음의 침묵 속으로, 아무도 더 이상 하느님을 찬양할 수 없는 그런 죽음(시편 6,6 참조)의 침묵 속으로 명백히 내려가셨다는 의미다. 하느님께서 잃어버린 상태에 있는 우리를 여전히 데려가려고 내려오실 것이라는 사실을 이보다 더 공공연하게 선포할 수는 없다. 옛 성가가 "하느님의 죽음"을 노래했다는 것은 그분이 인간의 죽음(하느님에게서 떠난!)을 성령 안에서 아버지와 사람이 되신 아들 사이의 관계에 포함시켰음을 의미한다. 이때 성령께서 죽음 속에 있는 아들에게서 아버지에게로 다시 숨을 불어넣으신 것이다. 그리고 이러한 죽음의 침묵은 우리를 향한 그분의 계시된 신비에 속한다는 것을 뜻한다.

예수님의 침묵 안에는 많은 순간들이 있다. 예컨대 그분이 간음한 여인에 대한 비난을 들으시고는, 말없이 몸을 굽혀 땅에 무엇인가를 쓰시다가 갑자기 일어서서 사법적인[재판의] 말씀으로 압축하는 침묵이 있다.

"너희 가운데 죄 없는 자가 먼저 저 여자에게 돌을 던져라."(요한 8,7)

이 말씀으로 다시 한번 침묵 속으로 들어가려는 것인데, 그러나 이는 슬금슬금 빠져나가는 그들의 행위가 보여 주듯이, 고발자들 안에 있는 폭력적인 말의 반향일 뿐이다(요한 8,1-11 참조). 그런가 하면 아버지 집에 머무르겠다고 부모에게 말하지 않은 소년의 침묵이 이미 존재한다. 그 침묵은 부모가 걱정스럽게 찾도록 만들고는 다시 그의 위엄 있는 말[주권의 말씀]로 귀결되는데, 그 말은 오랜 세월 동안 그들이 이해하지 못하는 가운데 반향을 불러일으킨다. 이러한 이해 부족은 곧 자신의 아들과 함께 어떤 미지의 공간이 열리는지, 돌연 위로부터 일어난 자신들의 혼인 안에서 그를 대하는 데 어떤 경외심이 필요한지를 그 부모가 이해해야 한다는 의미다.

또는 그분이 다른 이들에게 "누가 내 어머니고 내 형제들이냐?"(마르 3,33)라고 말씀하시는 동안 한 무리를 위한 침묵이 있다. [집 안으로] 들어가기와 그 응답을 요구하는 사람들은 이 침묵 이상을 받지 못한다. 또는 타보르 산의 변모에서처럼, 예수님의 말씀이 없는 엄청난 계시에서는 그것을 경험하는 이들에게 해석하는 말이 금지된다. 마치 바오로가 환시 가운데 "어떠한 인간도 누설해서는 안 되는", "발설할 수 없는 말씀을 들었[던]" 것과 아주 똑같이(2코린 12,4 참조). 말하자면 인간의 말을 넘어서는, 그럼에도 확언인 말인 것이다 이러한 예들을 바탕으로 예수님의 모든 말씀은 침묵의 영역에 둘러싸여 있다고 말할 수 있다. 그러나 그것은 그분 말씀의 한계가 아니라 사람들이 함께 들을 수 없는 그 말씀의 차원이다. 왜냐하면 하느님께서는 말씀하실 때 아무것도 숨기지 않으시기 때문이며, 그분은 다만 하느님 말고는 당신 말씀의 크기를 감당할 만한 청중을 찾지 못하실 뿐이다. 그분이 얻을 수 있는 최고의 대답은 이러하다. "보십시오, 저는 주님의 종입니다." 곧 "당신 말씀대로 제게 이루어지소서."의 결과가 어디로 이끌지 모르는 것이다. 이 말에 대한 가장 좋은 이해는 교환되는 언어의 영역 위에서의 헌신과 일치 안에서 일어날 수 있다는 것을 나중에 더 보게 될 것이다.

그러나 먼저 다투어야 할 무언가 다른 것이 있다. 곧 묵상 중에 일어나는 메마름, 건조함, 황량함이라 불리는 것에 대해서이다. 묵상하는 이는 그저 글자에 불과하고, 어떤 영적인 내면의 공간도 열리지 않거나, 어쩌면 결코 살아 있는 현존으로도 열리지 않을 텍스트 앞에 서 있다.

제2장 묵상의 실행 **77**

"그때에 영혼은 게으르고 냉담하고 슬픔에 빠져서 마치 스스로가 창조주 주님으로부터 멀리 떨어져 있는 것처럼 생각되는 상태이다."(《영신수련》 317항)

여기에서 우리가 말씀의 침묵에 대하여 말할 수 있을까? 어떤 의미에서 그렇다. 왜냐하면 말씀이 스스로 드러나기를 원하지 않는 것처럼 보이기 때문이다. 이러한 상황은, 우리가 배운 대로 여러 가지 이유로 발생할 수 있다. 즉 "영적인 수련들에 대해 미온적이거나 게으르거나 소홀하기 때문"인, 우리 자신의 잘못인 경우가 있고, 아니면 주님 편에서 오는 격려인 경우도 있다. 말하자면 우리가 그분의 확연한 도움 없이 그분의 깊은 곳으로 들어가려고 애쓰든, 또는 마지막으로 우리에게 기대되는 실존적 경험, 곧 그분의 깊이로 들어가는 것은 우리가 노력해서 이루어 낼 수 있는 것이 아니며, "이 모든 것이 전적으로 우리 주 하느님의 선물이고 은총"임을 느끼는 경험이든 간에 결국은 주님 편에서 오는 격려이다. 그러므로 우리는 우리 자신의 힘으로 이러저러한 "기도의 단계"에 올라섰다고 "어떤 교만이나 허영심에서 우리 마음을 빼앗기는 일이 없어야 한다"(같은 책 322항). 우리는 두드릴 수 있고 또 두드려야 하지만, 우리가 두드린다고 해서 반드시 열리는 것은 아니다. 우리의 두드림에는 그러한 마법적인 힘이 들어 있지 않다. 이러한 말씀의 외견상의 침묵은 세 가지 관점 모두에서 집중적인 가르침이다. "보지 않고 믿는 자는 복되다."는 점, 그리고 [감각적으로는] 느껴지지 않는 "이루 말할 수 없는 영광스러운 기쁨chara aneklaleto kai dedoxasmene"(1베드 1,3) 속에서도 그 "변용"은 주님께 들린 것이라는 점, 그런 다음에는 이제 우리가 그것을 포기해야 한다는 점이다.

HANS URS VON BALTHASAR

그리스도교 묵상의 본질은 수동성이다.
그리스도교 묵상은
기다림, 신뢰, 수동성, 내맡김을 통해 비로소 능동적인 것이 된다.
왜냐하면 하느님께서는 자신을 받아들이는 자 안에 머무르시며,
그 사람은 머무르시는 하느님과 함께 존재하기 때문이다.

3
말씀 안에 머물기

묵상을 위한 모든 지침은 머무름에 대하여 말한다. 우리가 얼마나 오랫동안 머물러야 하는지에 대한 시간은 제시될 수 있지만, 그 시간의 길이는 그 사건 곧 머무름 자체가 바뀌지 않고도 달라질 수 있다. 물론 시간은 전반적으로 영적인 머무름이 일어날 수 있도록 충분히 길어야 한다. 이와 관련하여 매들린 델브렐Madeleine Delbrêl의 생각을 들여다볼 필요가 있다. 곧 활동적인 삶을 살아가는 그리스도인이 관상적인 그리스도인보다 시간적으로 더 빡빡할 수 있고, 후자가 묵상에 더 많은 시간을 보낼 수 있을 것이라는 점이다. 전자前者에게는 삼림을 벌채하는 것보다 더 빨리 가연성 기름을 공급하는 "수직으로 깊이 구멍 뚫기"가 있지만, 그러나 그 "구멍 뚫기"에도 적절한 시간이 필요하다.

우리는 여행 중이 아니라 집에 있을 때 머무를 수 있다. 예수 그리스도 안에서 하느님의 자기 계시가 일어나는 곳이 바로 우리의 고향이다. 그것은 결코 방랑하며 지나가기를 끝마칠 수 없는, 언제나 새로운 전망이 나타나는 지역이다. 하지만 우리에게 친숙하고, 우리가 더 많이 거주할수록 더욱더 친숙해지는 그런 지역이다. 그것은 곧 우리는 이 세상에서 이방인이며 나그네이지만(히브 11,13; 1베드 2,11), 땅 위에서 "하늘의 시민"(필리 3,20)이라는 의미다. 우리가 거주하는 궁극적인 공간은 자신의 모든 지상적 경험을 가지고 삼위일체의 영원 속으로 귀향한 아들의 파견이 성취된 공간이기 때문이다. 여기에서 경험된 모든 상황이 최종 진리로 나타나며, 그 상황들은 모두 아들의 "상태들"(베륄Bérulle의 기본 단어인 "états상태들"을 사용하기 위해)의 다양성으로서 아버지 안에 있는 아들의 영원하고 단일한 상태로 통합된다.

바로 이것이 묵상이 목표로 하는 최종적 통합이다. 예수님의 모든 지상적 상황을 켜켜이 접는 것은 우리가 직접 접근할 수 있는 길이 아니기 때문에, 우선 그분의 신비 중 하나에서 시작하여 그 안에 놓여 있는 통일성을 둘러싸는 것이 좋을 것이다. 여기에 약간의 작업이 따른다.

예 하나를 들어 보자. 열두 살짜리와 그가 지닌 의식이다. 곧 그는 자기 아버지의 것이 무엇인지 우선적이고 명확하게 인식해야 한다. 말하자면 그가 있어야 할 곳은 성전이다. 그는 이미 그 성전으로 전체 고난의 역사가 자신 안에서 성취될 것임을 알고 있을 것이다. 이 '여기에 있어야 함' 안에 그의 전체 사명이 예견된다. 돌로 된 성전과 바로 그 자신인 몸으로 된 성전의 파괴 그리고 사흘만의 재건에 이르기까지. 그가 알고 있는 것은 가장 가까운 이웃에게도 결코 전할 수 없다. 마치 동정녀가 자신의 잉태 사실이 명백해졌을 때의 그 앎처럼 그렇게 전달할 수 없는 것이다. 이미 이 소년의 영혼에 얼마나 한 고독이 있으며, 그의 아버지가 그에게 이미 얼마나 무거운 짐을 지우고 있는가! 그는 지금까지의 모든 것과 앞으로 올 모든 것을 완전히 홀로 떠받치는 기둥이어야 한다.

그러나 옛것과 새것이 중개 없이 나란히 서 있지는 않다. 그는 율법 교사들 사이에 앉아 그들에게 질문을 던진다. 그는 옛 지혜를 알고 싶어 하고 그것으로 가르침을 받기를 원한다. 질문자인 그가 통찰력을 가지고 있고 답을 안다는 것(구약 전체는 근본적으로 하느님께 대한 질문이고 예수님께 대한 물음이다), 모든 청중(지금 옛 계약이 그에게 듣고 있다)을 놀라게 하는 답을 알고 있다는 것은 방해가 되지 않는다. 그는 모든 것을 알고 있고 또 더 잘 아는 사람으로서 질문하지 않는다. 그 자신의 선先역사에 대한 진정한 지식을 지니고 있지만, 그것은 그에게 물음이 되고, 또 그가 궁극적 성전이자 최종적 율법이며 마지막 시대의 예언자이자 사제로서 말씀이어야 한다는 것을 강화한다. 곧 그 모든 것을 이루는 대답인 것이다.

그리고 여기에서 마리아와 요셉은 자신들이 옛것에서 새것으로 옮겨가고 있다는 것을 알지 못한 채, 마치 옆에서 들어오듯 갑자기 들이닥친다. 집으로 돌아오면서 그들은 옛것을 떠났고, 새것을 찾고 있던 자신들이 이제 그것을 옛것 가운데서 발견한 것에 '당황'해하는 것이다.

계속성, 그러나 그것은 동시에 무지하고 이해하지 못하는 이들이 비로소 아들의 운명에 익숙해져야[적응해야] 하는 단절이기도 하다. 이 이해하지 못함, 이 단절, 이 고통이 어머니에게 얼마나 더 가중될 것인가, 그녀가 모든 옛것을 "딸 시온"으로 자신 안에 통합하면서 십자가 아래서 '티 없는 교회'(에페 5,27)로 변화되는 반면에! 그리고 순식간에 일어난 모든 일이 다시 수년 동안 얼마나 짙게 감추어져 있었는가.

그런 다음 "예수님은 부모와 함께 나자렛으로 내려가 그들에게 순종하며 지냈다"[루카 2,51]. 그러나 감추어짐 속에서 그것은 계속해서 묵상된다.

"그의 어머니는 이 모든 일을 마음속에 간직하였다."[루카 2,51]

그리고 그녀와 함께 모든 시대의 교회와 지금 우리가 [그 모든 것을] 마음속에 간직하고 있다. 그중 어느 것도 그저 골동품의 가치만 지니고 있을 법한 순수한 과거가 아니다. 언제나 약속에서 실행으로의 전환이 있고(갑자기 우리 안에서 실현되는 현재가 되는 역사적 에피소드를 우리가 관찰하는 걸 보더라도), 우리에게 익숙하고 이미 알고 있는 모든 것이 깨지기 때문에 언제나 현실적인 공포가 있으며, 언제나 놀랍고 훈도적인 주님의 대답이 있다.

"어떻게, 너희는 …… 모르느냐?"

그리고 그 사건은 일상의 덮개 아래에서 언제나 꺼지지 않고 있다. 바꿔 말하면 이해되지 못하고, 의심스럽고, 당황케 하는 모든 것이 예수님의 의식 안에 답을 가지고 있다. 그리고 이것이 바오로가 우리에게 요구하는 역설이다. "인간의 모든 지각을 뛰어넘는 그리스도의 사랑을 알아야 할 것입니다."(에페 3,19 참조)

이것들은 한 신비를 둘러싸는 작업에 대한, 그것의 차원을 헤아리기 위한 몇 가지 핵심 단어였다. 그 동일한 신비에 대해 얼마나 많은 다른 조치가 더 가능할까? 그러나 이 예에서 한 가지는 분명해져야 한다. 그 조치는 거리를 두길 원치 않고 중심과 깊이를 추구하고자 한다는 것이다. 곧 자신의 모든 지상적인 것을 아버지로부터의 사명을 위한 도구로 여기고 그분의 뜻을 파악하기 위하여, 성령을 통하여 기도 안에서 그분과 관계를 유지하는, 신인神人의 내적 자세를 향해 나아가고자 한다. 마치 커튼이 올라가듯이, 이 단계 어디에서나 우리는 그 중심을 볼 수 있다. 그때 이것이 필수이다. 멈추는 것! 커튼이 올라간 것은 은총이며, 그 본 것을 파악하고 그것이 자신을 꿰뚫게 하라는 초대이다. 이는 그것으로 성취되길 바라는 갈망(결코 향유하고 소유하려는 의지가 아닌)이 열리는 가운데 일어난다. 우리에게 이것이 허락된 것, 우리가 진열창을 통해 과일을 볼 수 있을 뿐만 아니라, "맛보고", "시식"할 수 있다는 것은 기쁨, 심지어 압도적인 기쁨일 수 있다. 다음은 이러한 선사된 몫에 대한 옛말들이다.

"많은 것을 알면서 맛보지 않는 것, 그것이 무슨 소용이 있는가?"(Hexaem. XXII,21)

"영혼을 가득 채우고 만족시키는 것은 많은 것을 아는 데 있지 않고 어떤 것을 내적으로 느끼고 맛보는 데에 있다."(《영신수련》 2항)

로욜라의 이냐시오는 이 지점에서 이러한 맛보기가 본[관찰된] 것에 대한 "자신의 침투를 통해" 이루어진 것인지, "또는 신적 능력에 의한 통찰로 깨닫게 된 것인지"의 여부를 열어 둔다. 첫 번째는 두 번째의 일부 없이는 거의 일어날 수 없지만, 두 번째는 확실히 첫 번째 없이 이루어질 수 없다.

그러나 우리는 그 사건들의 외적 관점에 머무르지 않고. 오직 예수 그리스도의 심정, 태도, 마음의 내적 관점에만 머무르게 될 것이다. 그러한 내적 관점은 그분의 사명 안에 있는 사람들과의 관계가 그 안에서 빛을 발할 때만 진정한 것이 될 수 있다. 예수님께서는 이러한 이중의 움직임에서가 아니고는 달리 존재하지 않으시기 때문이다. 곧 그분은 유일한 "하느님과 사람 사이의 중개자이시며, 당신 자신을 모든 사람의 몸값으로 내어 주신 분"(1티모 2,5-6 참조)이시다. 만일 이 경탄할 만한 머무름이 어떻게든 우리를 시간에서 "옮겨" 그 하나의 깊이를 들여다보는 것이 우리를 만족시킨다면, 그런 다음 우리가 발견한 것에서 새로운 것을 찾는 단계로 계속해서 밀고 나아가는 것이 완전히 잘못된 것이라면, 우리는 다음 사실을 그 진정성의 기준으로 간주할 수 있다. 하느님과 인간 사이의 유일한 살아 있는 일치가 존재하는 이 중개자 존재[예수 그리스도]의 구체적인 내용 말고는 어느 다른 곳으로 "옮겨"질 수 없다는 것이다. 곧 하느님께서는 그리스도 안에서 우리에게 열려 있고 바쳐진 분으로서가 아니고는 달리 "맛보게" 될 수 없고, 인간은 그분이 그에게 기울이는 사랑에서 얻은 존재 말고 더 이상 다르게 이해될 수 없다. "자신 안에[그 자체로]" 계시는 하느님께서는 정말로 "우리를 위해" 하느님 당신 안에서 우리에게 자신을 주신다. 그러므로 다시 한번 말하지만, 하느님께서 우리에게 주신 것 외에 하느님을 맛보기 위한 다른 "영적 감각"을 얻을 필요가 없다. 그것은 여기 현세에서 우리에게 당신 자신을 드러내시고 마음을 기울이시는 하느님을 만지도록[하느님과 접촉하도록] 예수님의 신인성神人性 안에서 우리에게 건네신 선물이다. 말씀이 육신[사람]이 되셨으니 결코 순수 영적인 어떤 것으로 되돌아가지 않는다.

그러므로 신비의 깊이에 머무는 것 역시 강제적 중단 없이 우리의 임무를 다시 시작하게 할 것이다. 그 임무는 그리스도의 위임을 묵상하는 동안 잠시 사라지는 것 같을 수 있지만, 우리는 그분의 커다란 공간에서 우리의 작은 자리를 다시 찾는다. 또한 우리는 아버지에게서 나와 성령의 인도를 받는 그분의 세상[에서의] 사명을 묵상하면서 그 안에서 우리 자신의 사명을 함께 보고, 그 바라봄 자체에서 더 나은 성취를 향한 갈망으로 나아가게 될 수도 있다. 우리가 위에서 "이론"과 "실천"의 계속성을 인식했듯이, 두 경우 도두 계속성이 존재한다.

우리가 머물도록 초대받은 곳은 무한히 신비로운 계약의 중심이다. 왜냐하면 예수 그리스도께서 바로 **계약**이시기 때문이다. 그분은 하느님께서 그를 통해 인류에게 말씀하시는 최고의 예언자이시며, 인류를 대신하여 자신을 하느님께 바치는 최고의 사제이시다. 또한 하느님의 마지막 말씀인 당신 자신을 사제로서 희생하면서 "자기 양 떼를 위해 목숨을 바치는" "착한 목자"이시다. 그렇게 그분은 하느님을 대리하는 목자로서 왕이시며 스스로 당신 자신을 그렇게 부르신다. 한 사람이 백성을 위해 직무를 떠맡는 옛 계약[구약]의 세 가지 주요 관점, 곧 예언자, 사제, 목자로서 왕의 직무는 "계약의 중개자" 안에서 한데로 모아지고, 오직 서로 안에서 그리고 서로를 통해서만 이해될 수 있고 올바로 평가될 수 있다. 말하자면 그리스도교 묵상은 이전의 모든 개별적 관점을 뛰어넘는 그러한 일치로 흘러 들어간다. 왜냐하면 여기에, 모든 개별적 단어와 개별 개념 너머에, 추상적인 것이 아니라 아주 구체적인 초언어적 일치 안에 하느님의 완전한 자기 계시가 있기 때문이다. 그러나 하느님의 자기 진술로서의 예언은 어떤 제한적 말씀 안에서가 아니라, 예수님의 대사제직에서 나타나는 (요한 복음서 17장에서 보듯이) 삼위일체적 자기 헌신 안에서 나타난다. 그리고 이것은 자신을 낮추는 동시에 길 잃은 모든 양에 대한 목자다운 돌봄인 하느님의 왕적 영광의 눈부신 표명이다.

하느님의 내적 생명에 대한 표상과 인상들이 묵상 가운데 우리에게 전달될 수 있지만, 중개 자체는 그리스도론적 중개일 수밖에 없다. 그러나 이것은 역으로 그 자체가 삼위일체적인 것이 아니라면, 어떤 그리스도론적인 것도 우리를 일깨우고 사로잡을 수 없다는 것을 의미한다. 왜냐하면 그분이 아버지시라는 것, 곧 아들에게서의 그분의 자기 비움 안에서가 아니고는 아무도 아버지께 이르지 못하기 때문이며, 신성神性의 사랑의 깊이를 [철저히] 탐구하시는, 아버지와 아들의 성령 안에서 말고는 그 두 분이 서로에게 도달하지 못하시기 때문이다. 이것은 결국 그 표상들이 아주 눈부셔서 모든 파악할 수 있는 것 너머에 계시는 하느님만이 당신 자신을 이해하실 수 있고, 그리하여 사랍들*조차도 경배하기 위해 더할 나위 없이 밝은 영광의 광채 앞에서 그들의 얼굴을 가려야 한다는 것을(이사 6,2 참조) 의미한다. 말하자면 계시된 하느님의 신비는 깊이를 알 수 없다.

---

* 사랍이란, 주님을 모시면서도 제 얼굴을 가려야 하는 혼합적인 존재들로서 '타오르는'을 뜻한다. — 옮긴이 주

제2장 묵상의 실행

제3장

일치

HANS URS VON BALTHASAR

성모 마리아는 모든 묵상과 관상의 원형이다.
마리아는 말씀을 단순히 귀로만 듣는 것이 아니라
온전히 자신의 존재로 수태하신다.
그분의 동의는 즉각적이며 아무런 조건도 달지 않는
완전한 내맡김이었다.
그러므로 마리아는 교회와 모든 그리스도인들이
묵상 안에서 따라야 할 본보기다.

1
마리아의 길

일치란 무슨 의미인가? 생각 가능한 모든 묵상 방법의 이러한 목표는 그리스도교적이라 불릴 수 있는가? 그도 그럴 것이 그리스도교 묵상은 절대자에 이르는 길의 세 가지 신플라톤적 단계를 일관되게 자신의 것으로 만들었기 때문이다. 곧 "정화의 길", "조명의 길", "일치의 길"이다. 그리고 이 마지막 길이 예수 그리스도의 모든 노력의 목표이기도 했다는 것은 그분의 대사제다운 기도에서 알 수 있다.

"우리가 하나인 것처럼 그들도 하나가 되게 하려는 것입

니다. 저는 그들 안에 있고 아버지께서는 제 안에 계십니다."(요한 17,22-23)

이것은 확실히 구약의 야훼와 이스라엘 사이의 대화적 대립과 상호 관계를 능가하는 일치의 형태를 보여 준다. 피조물 그 자체는 하느님이 될 수 없다는 것을 모든 그리스도인은 알고 있고, 또한 모든 그리스도교 신비주의자 역시 그가 어떤 일치의 언어를 사용하든 그것을 알아야 한다. 그렇지 않으면 그 생명체[피조물]는 그 자신의 창조자가 될 것이고, 더 걱정스러운 것은 그 자신의 구원자가 되리라는 것이다. 하지만 어떻게 이런 불가능성에 빠지지 않고 그 대립성이 극복될 수 있을까? 사람은 하느님과 의식적으로 하나가 되는 환상에 만족해야 하는가, 하느님 안에 너무 깊이 빠져서, 그럼에도 존재적으로 계속 존속하며 그 일치의 경험 후에 필연적으로 되돌아오는 구별에 대한 지식을 잃어버릴 만큼 그냥 그런 환상에 머물러 있어야 하는가? 아니면 의식과 존재의 차이를 다른 방식으로 극복할 수 있을까? 이 물음은 그리스도교 묵상에 결정적으로 중요하며, 창조와 구원에 대한 사고가 전혀 없기 때문에 직접 일치의 경험을 목표로 (심지어 존재적 진리의 최고 기준으로서) 노력할 수 있는, 다른 형태의 묵상과 대화하는 것과는 완전히 별개이다.

그리스도교적으로[4] 이 물음에 대한 답의 출발점은 그리스도교 전체를 지배하는 삼위일체 신비 외에는 없다. 이 신비 없이는 어떤 가르침도 없을 것이기 때문이다. 곧 그리스도, 구원, 교회, 성령, 성사, 성인들의 통공과 영원한 삶에 대한 교리 모두가 없을 것이다. 그러나 삼위일체의 신비는 우리의 이성으로 파악할 수 없는 것을 말해 준다. 곧 하느님께서는 한 분이시지만(신학자들은 "실체"라고 말한다), 그분 안에서 낳으시는 아버지의 위격과, 낳음을 받은 아들의 위격 그리고 그 두 분에게서 발하시는 성령의 위격이 서로 마주하고 있기 때문에만 살아 계시는 분이며 사랑하시는 분이라는 것이다. 이 신비는 우리에게 그리스도의 모습에 의해서만 조금 드러날 뿐이다. 바꿔 말하면 하느님과 마주하는 인간으로서뿐 아니라 전체로서, 곧 아버지의 영원한 아들로서 아버지께 기도하고, 비록 동시에 "아버지와 나는 하나다."(요한 10,30)라고 말할 수 있다고 하더라도, 그분을 당신이라 부르는 존재이기도 한 예수님의 모습에 의해서만 드러날 뿐인 것이다. 그밖에 "아버지께서 내 안에 계시고 내가 아버지 안에 있다는 것을 너희가 깨달아 알게 될 것이다."(요한 10,38)라는 말씀이 있다. 이러한 일치는 그분이 아버지의 "위대함"을 인정하게 되는(요한 14,28 참조) 차이로 인해 방해받지 않는다. 이 아버지가 바로 아들의 기원인 한 그러하다. 아들은 먼저 아버지와의 일치, 곧 태고의 일치를 강조하는데, 이는 로고스가 태초부터 낳으시는 하느님과 함께 있었기 때문이다. 그러므로 하느님 자신 안에 다름[타자성]이 존재하고, 그로 인해 하느님께서 무엇보다도 헌신의 무한한 내적 생명이시라는 것, 그리고 거기에서 그분 자신이 아닌 다른 것을 창조할 자유 또한 존재한다는 것은 매우 좋고 또 모든 면에서 긍정적이다.

그런데 그것이 다만 다른 것의 선성善性만을 얻을 뿐 하느님의 내적 일치에는 참여하지 않는가? 초기 그리스도교 신비주의는 창조된 정신에 새겨진 하느님의 "모습"에 크게 의존했다. 그 모습은 정화와 명상을 통해, 곧 자신의 내면 깊은 곳으로의 성찰을 통해 세속적으로 겹겹이 쌓인 오물을 씻어 내고 빛을 발할 수 있게 된다. 그런 다음 이 신비주의는 거의 인지하기 어렵게 두 번째 단계를 추가했는데, 우리는 아들이라는 원형原形 안에서만 [하느님의] 모습일 수 있다는 것이다. 그렇다면 여기에서부터 두 가지 방법이 가능하다. 곧 묵상을 통해 우리는 우리의 원형 **자체이면서** 또한 (모든 개별적 사물의 "관념"의 세계로서) 그 원형을 자기 안에 **포함하는** 아들의 장소로 되돌아간다. 그러나 이 길이 원형으로부터 거저 주시는 은총 안에서 우리에게 열리지 않는다면, 그리고 이 은총의 구체적인 형태가 - 우리를 위한 길이 되는, 더 나아가 생명과 진리가 되는 아들의 바로 그 육화가 아니라면 정말로 실현 가능한가?

만일 그리스도교적으로 아들이라는 관념Idee으로 "돌

아가는 길"이 사람이 되신 분을 따르는 것에 기초하여 열린다면, 그리고 그 관념의 순수 영적인 세계로 자신을 고양시키기 위해 사람이 되신 분에게 결코 등을 돌리지 않는다면, 그다음엔 육화의 인격적 "장소", 곧 동정 어머니 마리아에게 초점이 맞춰진다. 그리고 그것으로써 "일치의 길"은 모든 추상성, 과장된 생각과 세상으로부터의 도피를 잃어버린다. 왜냐하면 인간이 추구하는 일치는 이제 아들의 육화 안에서 바로 거꾸로 제공되기 때문이다.

그렇게 마리아의 태중에서 일어나는 그 신비로운 사건은 세상 안에서 무언가 신神의 내적 신비와 비교할 수 있는 일이 된다. 성령에 의해 동정녀의 태내에 심어진 아버지의 "씨앗"은 확실히 어머니의 실체와 동일하지 않다. 하지만 이 씨앗은 그럼에도 전적으로 그녀의 실체로부터 영양을 공급받는데, 정당하게 그녀의 아들이라 불릴 자가 되기 위해서다. 그리고 그녀 안에서 생리학적으로 일어나는 것, 곧 아들의 실체가 되는, 그녀의 육체적 실체의 양여[넘겨줌]는 동시에 일어나며, 나중에가 아니라 심지어 그녀의 마음[정신] 안에서 먼저 일어난다("태중에서보다 먼저 마음 안에 잉태했다prius concepit mente quam ventre"). 말하자면 그녀의 하느님이신 "지극히 높으신 분의 아들"로 예고된 그 아들에게 자신을 완전한 내맡김 속에 (참으로 원형적인 그리스도교 묵상 아닌가!) 내준다. 그녀의 온몸과 영혼은 그녀 아이의 교육에 자유로이 사용된다. 하지만 이러한 헌신으로 그녀는 가난해지는 것이 아니라, 자신을 바치는 만큼 아들에 의해 풍요로워진다. 그렇다. 이러한 풍요로움은 이 교환의 본질적 요소임에 틀림없다(이것이 원죄 없는 잉태에 관한 교의가 말하는 것이다). 그토록 풍부하게 자신을 내줄 수 있도록 그녀에게 이미 풍부하게 주어졌음이 확실하기 때문이다.

이러한 마리아의 묵상의 완전한 단순함을 똑같이 느끼기는 어려울 것이다. 바로 그 묵상이 개별적 순간으로 나뉠 수 없을 정도로 심원한 것이기 때문이다. 그녀는 아들을 온전히 수용하고 이러한 수용에 전적으로 동의하며, 동시에 자신이 아들로부터, 하느님으로부터 유일무이한 존재를 부여받았다는 것을 안다. 곧 겸손한 여종에 지나지 않은 그녀가 함께 같은 아들을 갖게 될 하느님 아버지 옆에 상상할 수 없는 높은 위치에 놓이게 된 것이다. 그녀는 상상할 수 없는 이러한 대조를 끝까지 생각하려 하지 않는다. 그녀의 본질에 결합된 이 신비가 지닌 유일한 작용은 그녀가 더 높고 더 단순한 헌신을 하도록 격려하는 것이다. 그리고 바로 그것으로 새로운 은총이 그녀에게 넘치도록 주어진다. 그러나 그녀는 이러한 순환에 의해 어떤 소용돌이 속으로 빨려 들어가는 것이 아니라 침묵 속에서 모든 것을 자유로이 할 수 있는 여종으로 남아 있다.

더 나아가 이것은 마리아 안에서 일어나는 혼인 관계가 무엇보다 그녀와 전혀 관련이 없고, (교부들이 말하듯이) 신성과 인간성의 혼인으로 이루어진 것이기 때문에 더욱 그러하다. 그녀는 단지 이 사건, 곧 계약의 완성이 이루어지는 우연한 장소일 뿐이다. 그녀는 같은 일이 다른 어떤 여인에게도 일어날 수 있다고, 그녀 안에서보다 다른 여인 안에서 일어났을 가능성이 더 높다고 분명 생각했을 것이다. 이런 관점에서 보면 이 혼인 관계는 거의 비인준적이거나, 생각하기에 따라 너구나 인격적으로 보인다. 신적인 씨앗이 인간적 실체에 잠김을 통해, 곧 신적 누룩이 인간적 반죽 속에 들어감으로써 인간 본성 전체가 충분히 발효되고 거룩해지기 때문이다. 그러나 그녀는 이러한 익명성에 오래 머무를 수 없다. 빛줄기가 "은총을 받은 이"인 그녀에게 다시 떨어지고, 그녀는 자신이 인간의 실체로부터 따로 떼어져 나온 사람임을 자각한다.

"그분께서 당신 종의 비천함을 굽어보셨으니, 이제부터 모든 세대가 나를 복되다 할 것입니다."(루카 1,48 참조)

그녀는 이 빛의 광선에서 벗어날 수 없고, 또 그것을 원하지도 않는다. 그것을 시도하는 것은 그녀의 겸손에 어긋나는 일일 것이다. 하느님께서 당신 마음에 드는 도구를 선택하신 것이고, 그 도구는 그 일에 관해 아무런 공로가 없다. 그러나 도구이자 "신방 침대"로서 그녀는 그 모든 것에도 불구하고 신부新婦 자신이다. 마리아는 자신에게서 일어나는 일에 아주 깊이 관련되어 있다. 즉, 그녀는 자신의 단순하고 자유로운 동의의 말["예."]을 통해 전 인류를 대신하게 되고, 아브라함 이후 구약의 모든 신앙과 순종이 그녀 안에서 요약되고 성취된다. 그렇게 그녀는 신인神人적 혼인이 그대로 일어나도록 허용함으로써 그것이 이루어지는 데 참여한다.

여기에서 과연 비길 데 없는 길이긴 하지만, 어느 정도 추종할 수 있는 길이 열린다.

> "하느님(내 아버지)의 뜻을 실행하는 사람이 바로 내 형제요 누이요 어머니다."(마르 3,35)

이것은 비유적인 표현 그 이상이다. 확실히 그것은 아래에서 언급될 교회적 사건과 개인적 사건들 또한 포함한다. 그러나 먼저 진정한 비유가 있다. 하느님의 아들은 자신처럼 아버지의 뜻을 실행하는 데 전념한다는 점에서 형제자매처럼 그를 닮은 모든 이 안에서 그리고 모든 이에게서 육체적 형태를 취하기를 원한다.

"아, 너의 마음이 구유가 될 수만 있다면 / 하느님께서 다시 한번 이 땅에 아기로 오실 것이다."
"그리스도께서 베들레헴에 천 번을 태어나신다 해도 / 네게서 태어나시지 않는다면, 너는 영원히 길을 잃을 것이다."(안젤루스 실레시우스)

우리의 마음이 구유가 되는 것은 적어도 기초적인 묵상 없이는 이루어 낼 수 없는 준비[상태]를 요구한다.[5]
그리고 이것으로 묵상의 가장 깊은 신비로 들어가는 아주 간단한 문이 열린다. 마리아가 그녀의 아이를 생각하며 단순히 거기에 있고, 그때 그에게서 받고 또 그에게 주는 것을 구별할 수 없는 것처럼, 우리의 묵상은 그렇게 그분을 향해 있으면서 '나'와 그리스도의 거리를 한순간도 뛰어넘으려 하지 않는데 그럼에도 실질적인 일치를 알 수 있다. 마리아가 아기를 향해 있는 것은, 그것이 현재 생각하는 것이든, 말로 표현한 것이든, 침묵 중에 있는 것이든, 습관적인 것이든 간에 본질적으로 기도다. 기도로서 그렇게 향해 있는 것은 그녀의 모든 세속적 행위, 곧 마을 우물에서 물 길어오기, 요리하기, 청소하기 등을 동반하며, 그 어떤 것도 그녀의 기도 자세를 방해하지 않는다. 그러나 우리는 "은총이 가득한" 존재가 아니며, 우리 안에서 자라나길 원하시는 주님께 가능한 한 꾸준히 습관적으로 몰두하기 위해 명시적인 묵상 시간이 필요하다.

그런데 바로 여기에서 잊지 말아야 할 한 가지 사실이 있다. 마리아가 메시아 아기를 낳으면서 구약의 전체 믿음을 구체화할 뿐만 아니라, 이스라엘의 역사에서 고통스러운 희망과 기대로, 곧 "메시아의 고통"으로 살았던 것 또한 구현한다는 점이다. 이 묵시록의 여인은 "해산의 진통과 괴로움으로 울부짖고 있다"[묵시 12,2 참조]. 이스라엘은 충분히 울부짖어야 했고, 또한 만일 마리아가 그리스도 강림降臨 때에 확실히 "울부짖지" 않았다면, 자신이 하늘을 낳을 때 땅이 느껴야 할 두려움을 면하지 못했을 것이다. 그[그리스도 강림] 안에서 그녀는 바로 이스라엘의 탄생 그 자체에 이르기까지의 요약이다. 그 탄생은 결국엔 고통이 없어야 했는데, 왜냐하면 옛 계약에서 충만한 새 계약으로의 전환은 옛 계약의 "일"이 아니라 오직 새 계약의 은총의 기적일 뿐이기 때문이다. 그런 다음 새로운 것은 옛것의 돌봄에 맡겨지지 않고, "그 여인의 아이는 하느님께로, 그분의 어좌로 들어 올려졌다. 여인은 광야로 달아났다."(묵시 12,5 이하) 옛 계약을 요약하면서 새 계약을 낳는 이의 운명, 그 새 계약은 어머니가 육신의 계약을 구현하는 한, 그녀로부터 아버지를 향해 거리를 둔다.("여인이시여, 저에게 무엇을 바라십니까?"[요한 2,4]) 그러면서 그녀를 관상의 정신적 광야로 밀어 넣는다. 그녀가 오직 기도하고 묵상하면서 멀리서 아들의 길을 따라갈 수밖에 없는 광야는 아들이 마지막에 그녀를 제자에게 넘겨주는 십자가에서 끝난다. 그 제자는 그녀 곧 교회를, 앞으로 그 중심과 원형이 될 교회인 그녀를 이 시대의 광야에 있는 교회로서 "그의 집에" 받아들인다.

어머니가 아이를 안고, 양육하고, 껴안고, 아이와 함께 노는 모습을 보여 주는 무수한 성모 마리아상들이 잘못된 것은 아니겠지만, 그것들은 마리아의 관상의 한 단면만을 드러낼 뿐이다. 그것들은 매우 중요한 것인데도 종종 잊고 마는 어떤 것을 보여 준다. 곧 아홉 달 동안 한 실체안에서 일어난 신비스러운 대화가 아이의 출생 이후에도 중단되거나 심지어 줄어들지도 않았다는 사실이다. 그 신비는 변함없이 계속된다. 어머니를 이해할 수 없게 그대로 둔 소년도, 어머니를 떠나는 [성년] 남자도 그녀의 태의 열매일 뿐만 아니라 그녀의 믿음과 사랑의 열매로 머물러 있다. 그렇게 존재의 일치 안에서 대화는 계속된다. 비록 그것이 예수님께서 온 지역을 두루 다니며 가르침을 펴시는 동안, 나자렛의 "골방"에서, 외부적이고 고통스러운 고독 안에서 일어나는 것일망정 그러하다. 그러나 이렇게 묵상하는 동안에도 마침내 십자가에서 그녀의 마음 가장 깊은 곳을 꿰뚫을 그의 칼이 그녀의 영혼 안에서 언제나 활동하고 있다.

이 모든 것이 마리아의 묵상에, 그러니까 모든 그리스도교적 묵상에 결정적인 의미를 지닌다. 우리가 묵상하는 것, 곧 예수님의 신비 중 하나는 우리와 마주하는 것이 아니라, 언제나 이미 우리 안에 있다. "여러분의 믿음을 통하여 그리스도께서 여러분의 마음 안에 사시[기]"(에페 3,17) 때문이다. 그러나 이미 현재하시는 그분을 명상적인 출생에 이르게 하는 것은 무언가 메시아의 고통과 같은 것을 요구할 수 있다(그리고 아마 이것이 일반적일 것이다). 아주 명백한 의미에서 우리는 마리아보다 거듭거듭 하느님으로부터 멀어진, 죄 많은 "옛 계약"에서 나왔고, 그러므로 새로운 것을 낳는 "노고"를 피할 수 없다. 그것은 곧 자신의 필요성과 동시에 자신의 궁극적 무익함을 아는 영적 노력을 말한다. 왜냐하면 마치 원죄에서 원죄 없이 잉태됨으로 넘어감같이, "[노력하여] 얻음"으로 건너감은 공로가 아니라 오직 순수한 은총이기 때문이다. 그리고 하느님만이 우리의 노력의 달을 세시고, 당신이 원하실 때 오늘 아침이나 일 년 내내 우리에게 열매를 맺게 하신다.

그 밖의 마리아의 길에서는 친숙한 인간적 [내적] 충만의 시간이 전혀 언급되지 않고 오직 두 가지만 언급된다. 하나는 용이 아이를 삼키기 위해 언제나 여인 앞에 숨어 기다리고 있다는 것이다. 다른 하나는 이 아이는 하느님께로 들어 올려지는데, 여인은 광야로 달아나며, 그곳에서 그녀는 하느님에 의해 보호를 받지만 용의 "큰 분노"로 계속 용과 대치해 있다는 것이다. 이제 교회가 된, 이 여인의 위태로운 노출은 "하느님의 계명을 지키고 예수님의 (피의) 증언을 간직하고 있는"(묵시 12,17) 여인의 다른 자녀들이 있기 때문에 계속되며, 필연적으로 바로 우리들인 이 다른 자녀들의 묵상에도 영향을 미칠 것이다. 이 묵상은 광야가 어떤 형태를 취하든 간에, 예컨대 그리스도인 박해나 가르멜산의 고독 또는 순전히 세속적인 일상생활이든 간에 광야에서의 묵상으로 머무른다. 따라서 단순히 세 번째 하늘로의 황홀경과 지복의 미리 맛보기를 기대할 수 없고, 심지어 그러한 것을 위해 노력조차 할 수 없다.

오히려 위협적인 사막에서 (여전히 그리고 거듭 마리아처럼) 그 아이에게 "형제요, 자매이며, 어머니"가 되기 위해 아이에게 자신을 바친다.

그렇듯 그리스도교 묵상은 그 어떤 열광적인 낙원으로 들어가기 위해 세상 밖으로 나가려 하지 않을 것이다. 오히려 마리아처럼, 자신에게 혼란스럽고[알아보기 어렵고] 종종 이해할 수 없는 예수님의 길을 기도하면서 따라갈 것이다. 필요할 때는 바로 십자가 아래에서처럼, 그분에게로 다시 돌아갈 것을 언제나 준비하면서. 이 묵상에는 확실히 성취감이 있지만, 목가적인 섬[안전지대]은 없다. 시메온의 예언, "당신의 영혼이 칼에 꿰찔릴 것이다."는 이미 아들의 어린 시절 또한 담고 있기 때문이다. 그리고 열두 살짜리의 갈에 따르면 이해하지 못함의 그림자는 더 깊다. 그렇게 비옥한 땅과 광야의 기이한 [상호] 침투가 주님의 여종의 확고한 인내 안에서 경험된다. 곧 그녀는 어떤 이해 부족에도, 어떤 박탈에도, 아들의 어떤 거절의 말에도 자신의 믿음에 기초한 순종의 길에서 벗어나

지 않는다. 아들의 삶이 점점 더 깊은 "케노시스Kenosis"(자
기 비움)로 묘사된다면, 그만큼 어머니의 삶은 그것[케노시
스]의 충실한 동반자이다.

여기에서 사람들은, 마리아가 아버지 앞에서 세상의 죄
를 짊어지겠다는(세상으로부터 거리를 두고 싶지 않은), 십자가
에 못 박힌 아들의 의식을 공유할 수 있는지 아닌지에 대
하여 물음을 제기할 수 있을 것이다. 아무런 죄에도 물들
지 않은 그녀는 그리스도인 묵상자가 피정 첫 주에 묵상
하는 어떤 것도 경험할 수 없을 것 같아 보인다. 곧 루치
펠과 아담에게서 비롯된 세상의 죄 안에서 자기 자신의
죄를 묵상하는 것이다. 그러나 이에 대한 대답은 그녀가
자신의 아들에게 영향을 미치는 죄의 진실이다. 더욱이,
아들이 그 죄를 짊어지고 그 어떤 죄인이 할 수 있는 것보
다 더 깊이 인식하면서 아버지 앞에서 [죄를] 드러낸 방식
에서이다. 말하자면 여느 죄인은 "십자가에 못 박히신 분
과의 대화"에서조차 그렇게 할 수 없을 것인데, 곧 그 대
화가 완전한 진리와 죄의 전체 무게가 측정되는 지점까지

결코 나아갈 수 없기 때문이다. 고통의 성모Mater Dolorosa는 나무에 못 박힌 자의 육체적 고통을 겪진 않지만, 그에게 가해진 하느님으로부터 버림받음의 참을 수 없는 고통으로 더 깊이 고통받는다. 여기에서 그녀는 어떤 죄인보다 더 심각하게 "첫 주"를 고통으로 보낸다.

이 모든 것은 우리가 처음에 다루었던 주제, 곧 모든 단순한 대화를 넘어 침묵하면서도 언제나 이미 존재하는, 내면을 향한 대화라는 주제단을 확인시켜 준다. 말하자면 주는 실체와 받는 실체의 일치 안에서 일어나는 대화인데, 그때 주는 것이 모성과 숭배 사이의 전체 폭[범위]을 다 감싸고 있다. 어머니는 자신의 아이가 성령의 힘으로 자신 안에 생겨난, 지극히 높으신 분의 아들임을 결코 잊지 않기 때문이다. 그리고 우리는 모성을 일방적으로 그리스도의 순수 인간적인 면에, 숭배를 그분의 순수 신적인 면에 할당할 수 없으며, 둘은 서로에게 스며들어 간다. 마리아의 모성적 내어 줌이 그 두 가지를 아버지의 영원한 자기 양여와 결합시키기 때문이다. 그러나 그녀의 신성神性과의 관계는 그녀를 어머니-자식 관계를 넘어 단순한 대상으로 바꿔 놓지 않는다.

그리스도교 묵상을 위해 이 모든 것에서 결론을 이끌어 내는 것은 아마도 진술의 범위를 넘어설 것이다. 그럼에도 우리 안에 거처하시는 그리스도와 우리의 관계의 친밀함, 곧 단순한 언어적 의사소통이 초언어적 의견의 일치로 심화되는 관계의 친밀은 여종이 하는 일의 평범함과 광야의 결핍에서 결코 분리돼선 안 된다는 걸 암시적으로 말할 수 있다. 이 "위로"의 오아시스에 감사하게도 우리가 원기를 회복할 수 있는 곳이 있을 수도 있지만, 그러나 인내심을 갖고 지나가야 할 사막 지대가 더 광활하다. 그러므로 우리는 묵시록적 광야를 흔히 "황무지desolatio"(문자 그대로, 태양이 없음)라 부르는 것과 동일시할 필요가 없다. 왜냐하면 태양도 사막에서 메마를 수 있고, 용이 뿜어낸 물줄기는 그것으로 우리가 기꺼이 활기를 되찾고 싶어 할지 모르지만, 그 물줄기가 우리에게 이르러 우리를 휩쓸어 버리기 전에 자비롭게도 땅이 마셔 버리기 때문이다(묵시 12,15 이하). 그러한 상황에서 우리가 마리아의 길 위에 있다는 것과, 우리 안에 숨겨져 있고 우리를 통해 그리고 우리 안에서 성장하고자 하는 그 신비를 모성적이며 동시에 숭배하는 헌신으로 돌보아야 한다는 사실을 잊지 않는 것이 중요하다.

**HANS URS VON
BALTHASAR**

그리스도교 묵상은 개인적 영성을 위한 것에 그치지 않으며
교회적 차원 안에서 이뤄진다.
교회는 말씀을 보존하고, 해석하며
성찬례 안에서 구체적으로 현존하게 한다.
그러므로 묵상은 교회의 신앙과 분리될 수 없으며,
교회적 공동체의 유산에 뿌리를 둔다.

2
교회의 길

마리아적 묵상에서 교회적 묵상으로 넘어감은 십자가에 못 박힌 이가 행한 일에 달려 있다. 즉, 그분은 자신의 어머니를 자신의 몸이자 신부가 될 교회의 중심에 세우셨다. 그러므로 어머니와 아들 사이의 대화를 실질적인 일치로 이끌었던 같은 형태의 결합이 여기서 다시 발견되는 것은 놀라운 일이 아니다. 하지만 이는 물론 변화된 형태다. 이제 아이는 더 이상 어머니 안에 살지 않고, 교회의 몸이자 그리스도의 몸인, 그 몸 안에 지체로 사는 것이다. 신부와 신랑은 "한 몸"이기 때문이다.

여기서 관건은 일치에 이르는 두 가지 접근 방식의 관계, 곧 혼인 관계와 신체적 관계가 내적으로 서로 얽혀 있다는 것을 자세히 설명하는 것이 아니다. 다만 이러한 신비가 그리스도교 묵상에 미치는 영향을 숙고하는 것이다.

첫째로, 그리스도와 교회의 일치는 아버지의 자기 표명의 최종 형태가 그 안에서 인식되는 한, 서로를 위한 존재의 침묵 속에서 모든 개별적 말씀 너머에서 실행되는 "말씀"임을 다시금 시사한다. 곧 남성과 여성의 육체적 결합이 "대화"를 위한 장소가 아니라, 침묵 속에서 모든 개별적 단어보다 더 분명하게 말하는 서로의 전체 진술을 위한 장소인 것처럼, 신비는 하느님의 가장 외적인 표현임과 동시에 가장 내적인 본질이다. 이러한 상징(그것은 상징 이상이다)과 관련하여, 이제 말과 대답 사이에 매우 상대적인 차이만 있다는 것을 알 수 있다. 말의 역할을 남성의 주도권에, 대답의 역할을 여성의 동의와 의향에 돌릴 수 있긴 하지만, 서로를 위해 그리고 서로 안에 존재하면서 그 차이는 사라진다. 또는 낳음Zeugung의 행위가 남성의 말로 이해된다면, 출산Geburt 행위는 여성의 대답으로 정말 (서로의 차이가 사라지는) 압도적인 표현이 될 것이다.

물론, 이제 그리스도와 교회의 혼인의 일치 안에서 그분은 신인神人으로서 그리고 아버지의 말씀으로서 완전히 다른 방식으로, 특히 그분 성찬(식)의 자유로운 자발성 안에서 활동적인 말씀으로 머물러 계신다. 교회는 주님의 여종인 마리아처럼, 말씀의 선물을 "존경하며[경외심을 가지고]"(에페 5,33 참조) 받아들인다. 그리고 교회가 대답으로 그분에게 되돌려드리는 말은 곧 그분 말씀의 메아리인데, 당연히 교회에게 달할 수 있도록 힘을 준, 활발한 메아리이다. 교회가 말씀에 의해 티 없이 아름답게 "세워"지면(에페 5,27 참조), 이미 그 응답 안에서 교회는 한 피조물, 그 말씀의 산물이다. 그리고 이것은 단지 처음만이 아니라, 신랑의 성찬을 통해 지속적으로 "세워지고", 이 성찬을 스스로 세울 수 있는 권한을 영구히 받는 한 언제나 새로운 것이다. 교회는 말씀에 대한 응답으로, (성찬의 희생 제물 안에서) 그 말씀 자체를 감사 기도eucharistia로 아버지께 다시 말씀드릴 권한을 부여받았다.

여기에서 이미 구약에서 암시되었던 것이 완성된다. 예컨대 시편이 이스라엘의 응답으로 하느님 자신에 의해 영감을 받은 말로 받아들여져 성경에 합쳐졌을 때이다. 또는 마리아가 그녀의 아이를 양육하고 그에게 말하는 것을 가르칠 때 사용한 그 말이 그녀 안에 살아 있고, 여전히 인간적으로 침묵의[말할 수 없는] 말에 대한 대답일 때 그러하다. 교회는 자신에게 동등한 대답의 권한을 부여하는 신랑으로 말미암은 신부이다. 곧 말씀을 마음속에 품고 [그 말씀을] 낳는 힘이다. 물론 이것은 그리스도에 의해 교회 안에서 그분을 효과적으로 현존하게 하는 권한을 위임받은 직무와, 그분을 대표하는 직무를 통해 그분의 성체와 사죄를 받는 공동체 사이에 대한 구별이 교회 안에서 다시 한번 이루어질 때에야 비로소 완전하게 이해할 수 있다. 그러나 그것은 우리의 맥락에서 다음 사실 이상을 의미하지는 않는다. 즉, 신부는 신랑을 자신에게 귀속시키는 것이 아니라, 언제나 자신을 내어 주는 형태로 그를 받아들인다(직무를 빼앗기는 것이 아니라 오직 사도적 전승에 의해서만 선물로 주어지는 것고- 같다).

교회의 구성원으로서 묵상하는 사람에게 그것은 이제 이런 의미이다. 그는 우선 선물, 받아들임과 돌려줌의 교환이 늘 이미 일어났고 일어나는 몸으로 형성된다. 말하자면 구술적인 대화 이상의 참으로 본질적인 대화 안에 존재하는 것이다. 그는 자신의 존재를 통해 이미 언제나 그것에 참여한다. 바꿔 말하면, 그는 온몸이 이미 행하는 일을 단지 개별 지체로서 함께 실행하기만 하면 된다. 그러나 몸은 지체들 위에 있거나 지체들 밖에 있는 것이 아니라 그 지체들 안에 존재하며, 따라서 그들의 교회에 대한 책임 있는 행위에 의존한다. 성찬식만으로는 충분치 않다. 말씀이 성찬을 전제하듯이 그것은 다시 말씀 속으로 흘러 들어가야 하는데, 이번에는 선물 받은 것에 대한 깨달음과 그 안에서 비로소 얻을 수 있는 예상된 대답으로 이해된다. 바로 여기에서 교회의 구성원은 묵상하는 일을 실행해야 한다. 묵상 밖에서의 응답은 묵상하는 것을, 곧 성찬의 희생적인 말씀의 광대함을 생생하게 마음속에 그려 내는 것을 전제로 한다. 이것이 없다면 응답 기도는 완전히 충분하지 못한 것이 되고 말 것이다.

이에 대한 예로 성사[들] 안에서 교회 구성원에게 주어진 효과적인 말씀에 대한 묵상을 들 수 있을 것이다. 이를테면 사죄赦罪의 말씀이다. 그것은 교통 위반에 대한 벌금을 면제받는 것과 같은, 완전히 표면화된 방식으로 이해될 수 있다. 아마도 많은 이들이 그렇게 이해할 것이다. 그러나 성사적 사죄의 진정한 연관성을 밝히기 위해, 곧 내 죄를 짊어지시고 그것을 성토요일에 지옥에 묻으신 예수님의 십자가의 죽음의 의미를 밝히기 위해 많은 묵상적 노력이 필요하지는 않을 것이다. 이 사건 뒤에는 나를 위해 당신의 아들을 아끼지 않으신 자비로운 아버지의 완전히 자유로운 애정[내어 줌]이 있다(그분이 당신의 영원한 아들보다 죄 많은 세상을 더 사랑하는 것처럼 보이는 것을 이해할 수 없다!). 그리고 다시 한번 성령의 활동이 있다. 곧 성령께서 아버지와 아들과 일치하여, 나를 하느님으로부터 진실로 그리고 궁극적으로 분리시킨(또는 분리시켰을) 죄가 이러한 삼위일체적 사랑의 사건을 통해 존재하지 않는 것으로 간주되는 기적을 행하신다. 잃어버린 아들의 비유에서 이야기하는 것과 같은 사건에 우리가 익숙해질 수 있을까? 그것을 어느 정도 깨달은 사람이라면 누구나 마음속 가장 깊은 곳에서 울림이 있어야 하지 않을까?

그러한 깨달음은 교회의 모든 성사에서 중요하다. 그러나 우리는 이미 복음의 말씀, 요컨대 새 계약의 말씀 또한 성사적 성격에 관한 무엇을 자체 안에 지니고 있다고 말한 바 있다. 그 말씀들은 글자가 아니라 교회라는 세계와 그 안에 있는 모든 개인을 향한 삼위일체적 정신과 행동의 증거이자 전달이다. 그리고 예수님의 말씀과 행위 가운데 많은 것이 궁극적으로 [성체]성사적 선물에 통합되는 요소들이라는 건 분명하다. 카나, 죄인들과 세리들과 함께한 많은 잔치, 바리사이의 집에서 죄인과 함께한 식사, 잔치의 비유, 빵의 증대(바로 이것에 요한은 성찬의 약속을 직접 연결한다), 베타니아에서의 식사. 이 모든 것이 성사의 초超언어로 귀결되는, 순전히 예수님의 언어화된 행위들이다. 말씀과 행위는 마치 개개의 강[들]처럼 성사의 바다로 흘러들어 가지만, 그 성사의 전체적 의미는 이미 앞서 흘러들어 온 요소들 안에 현존해 있었다.

여기에서 묵상에 매우 중요한 언급이 이어질 수 있다. 성사가 많은 개별적 말씀과 행위의 합류[점]인 것처럼, 교회에서 묵상하는 이가 전체 말씀에서 그것을 해석하고 이해할 수 있게 만드는 개별적 말씀으로 돌아가는 것은 지극히 정상적인 일이다. 그리고 그렇게 하면서 스스로 묵상에서부터 구술 기도로 넘어가는 것 또한 아주 정상적인 일이다. 묵상이 교회에서 미리 규정한 것이든 개인적이고 자발적인 것이든 간에 구술 기도보다 "더 높은 단계"의 기도를 나타낸다는 것은 신플라톤주의적 미신이다. 그런가 하면, 구술 기도를 더 깊은 수준의 기도로 분류하는 것은 반反육화적 영성화antiinkarnatorische Spiritualisierung일 것이다. 예수님께서는 우리에게 말로 하는 기도[구술 기도]를 가르치셨지만, 우리가 당신 자신의 기도에서 길어 올려 우리 입에 넣어 주시는 그분 말씀의 깊이를 파고들려고 노력하는 것을 전제하셨다. 이것은 교회적으로 보면 더욱더 수긍할 수 있다. 곧 회중의 기도가 필연적으로 상당 부분 구술 기도이어야 하고, 이런 공동 기도에 대한 대안으로만 공동으로 묵상하는 침묵과 같은 어떤 것이 있을 수도 있기 때문이다.

그리고 공동으로 묵상하는 이 침묵 또한 모든 참석자의 단순한 개인 기도로 되돌아가는 것이 아니라, 이제 명백하게 교회 공동체 차원의 묵상이 될 것이다. 그럼에도 우리는 "모든 성도와 함께 하느님의 사랑의 너비와 길이와 높이와 깊이"(에페 3 18 참조)를 측정하려 애써야 하는데, 그것은 우리가 따로 떨어져서는 결코 할 수 없는 일이다. 그런 다음 우리는 '내게'가 아니라 '우리에게' 의도된 것이 무엇인지 숙고한다. 그것은 물론 개인적으로 숙고하는 것이지만 개인주의적으로 하는 것이 아니다. 곧 궁극적으로 나를 위해서가 아니라 내가 지체로 속해 있는 전체 '몸'을 위한 것이다. 그러므로 교회적 묵상이 구술 기도에 합쳐

지지 않고, 조용한 전구 기도로, 다른 이들을 위한 감사와 그들을 위한 자기 봉헌으로 "쏘아 꿰뚫게durchschossen" 될 수 있음은 자명하다. 왜냐하면 성사에서도 묵상에서도 본질적 행위는 대체로 받아들임, 곧 약속된 것, 의도된 것에 귀를 기울이는 것, 그것의 신적인 차원에 우리가 마음을 열어야 하는 것이기 때문이다.

교회의 영역에서 그러한 기도는 명백히 '전례Leiturgia'이다. 즉, 우리에게 선사된 신적 사랑에 대한 경건한 봉사이며, 따라서 흩뿌려진 보물을 움켜쥐려는 이기적 욕망의 반대[행위]이다. 그 점에서 마리아의 냉정함과 객관성에 대한 말이 여기에서 다시 시사해 주는 바가 있다. 말하자면 전례적 기도와, '그룹-역동적' 또는 '무아경의-카리스마적' 거동이 수반된 묵상을 혼합하는 것은 마치 물과 불을 섞으려는 것과 같다. 그렇듯 묵상적인 경청은 모든 이의 침묵을 요구하고, 공동 전례 기도는 모든 이가 몸과 마음이 잘 준비된 구성원이 될 것을 요구한다.

구술 기도에 대한 교회의 평가[가치 존중]는 당연히 공동의 예배 이외의 묵상에서도 참됨이 입증되어야 한다. 교회의 삶에는 개인적인 것이 아주 많지만, 사적인 것은 전혀 없다. 모든 기도는 성도들의 공동체 안에서 이루어지며, 그들에 의해 지지되고, 그들과 함께 하느님을 향해 나아간다. 어느 그리스도인이 복음의 신비를 탐구하려 할 때, 그는 자신보다 앞서 수많은 이들이 그 일을 했고, 무엇보다도 천상 교회가 바로 지금 그와 함께 그 일을 하고 있으며, 그가 열심히 그 근본을 알아내려 애쓰는 신비의 깊이에 대한 통찰력을 가지고 있다는 것을 안다. 그러므로 이 거룩한 교회의 간구懇求는 그가 파는 밭에서 보물을 찾는 데 확실히 도움이 될 것이다. 그리고 그가 성도들의 공동체가 자신을 돕고 있다는 것을 안다면, 그 자신 역시 다른 이들을 도와야 하는, 이 공동체의 일원임을 기억하게 될 것이다. 그는 주님의 신비에 몰두하지만, 주님은 [당신 교회에서] 분리된 개체가 아니라 당신 교회의 머리이시다. 그러므로 그는 주님 곁에 머무르면서 또한 언제나 그분 교회의 공간에 머물러 있는 것이다. 그분의 복음[적] 말씀과 행위, 기적과 고통은 모두 교회와 관련하여 그리고 교회를 통해 인류 전체에게 행해졌고 또 관철되었다. 그리고 그분의 외적 행위뿐만 아니라 그분의 내적 상태 역시, 물론 그분의 인간성도 결국 구원받을 모든 이를 위해 존재한다. 그렇게 우리는 개인적 그리스도와 함께 항상 사회적 그리스도 또한 발견한다.

그것을 위해 우리는 성찬의 드라마 과정을 다만 한 번 묵상하면 된다. 그러면 현존하시는 주님 안에서 이미 일어나는 공동체의 모임으로부터 그분의 현존이 [전례] 참여자들에게 점점 더 짙어진다는 것을 인식하게 될 것이다. 곧 거룩한 말씀의 봉독과 그것에 대한 설명 안에서, 그리고 아버지의 선물로 넘어가게 되는 봉헌 준비 안에서 [점점 더 짙어진다]. 우리가 감사를 드리는 아드님의 육체적 현존, 우리가 따라 하는 그분의 기도는 마침내 영성체를 하면서 완전히 그분의 현존 속으로 들어가기 위함이며, 또한 마지막으로 이 파악할 수 없는 결합[일치]에 대하여 그분 안에서 그분과 함께 아버지를 찬양하기 위함이다. 말하자면 표현할 수 있는 모든 말을 넘어서는 그분의 아버지다운 자기표현의 절정을 찬양하는 것이다.

그리하여 바로 묵상의 교회적 차원에서, 말할 수 있는 모든 단어가 침묵의 아우라Aura로, 아니, 숨겨진 것의 아우라로 둘러싸여 있다는 것이 분명해진다. 왜냐하면 말할 수 있는 것보다 더 많은 것이 둘러싸여 있고, 그것들은 그 아우라로부터 마치 변용된 것처럼 동시에 감추어진 것처럼 나타나며, 그 의미를 잃지 않도록 그 아우라 안에 그대로 남겨져야 하기 때문이다. 그것들은 자신들이 말하는 것 이상을 의미한다. 우리가 성사적 말씀들을 두고 그것들은 자신들이 표현하는 것을 성취한다고 말하는 것과 같다. 그리고 눈에 보이지 않게 성취된 것 안에 진술된 것의 주요점이 놓여 있다.

그리스도교 계시의 이러한 특성에서 하느님께서는 형성된 언어나 행위의 한계 안에서 파악되는 것보다 더 위대하시다는 것이 표명된다(지상에 정점을 두고 서 있는 삼각형은 위를 향해 무한대로 열려 있다). 그뿐만 아니라 하느님의 말씀이 가장 먼저 전달되는 교회는 결코 그 자체로 완성된, 자족적인 형태로 간주될 수 없다는 것 또한 분명하게 드러난다. 하느님의 파트너이자 수신인은 세상이며, 교회는 이 세상 속으로 그리스도의 수임자로 파견된다. 교회는 본질적으로 자신을 넘어서며, 하느님께서 창조하신 인간 전체를 위한 그분의 도구이다. 이러한 임무를 올바로 수행하기 위하여 교회는 자신이 실질적으로 관련되어 있는, 자신에게 맡겨진 신비에 대한 자성自省의 자세를 가져야 할 것이다. 그리고 이러한 신비를 무분별하게 말하는 일은 교회에 결코 허용되지 않는다. 교회는 예수님께서 명하시는 단호한 말씀처럼, "진주를 돼지들 앞에 던지지 말아야" 한다. 그러나 교회에게는 선교 사명("내가 너희에게 명령한 모든 것을 가르쳐 지키게 하여라.")이 있고, 어떻게 설교[강론]와 교리 교육을 의미 있는 수준으로 이루어 갈 것인가에 대한 책임이 있다.

이 모든 것이 그리스도교 묵상의 형성에 반영되어 있다. 비록 이 묵상이 우선 "내면으로", 자신을 내어 주시는 하느님의 은총으로 그 신비가 열릴 수 있도록 삼위일체 신비의 심연으로 가는 길을 걸어가더라도, 이 신비가 인류 전체를 위해 예정된 것이라는 걸 잊어선 안 된다. 뿐만 아니라 더욱이, 이 신비는 그리스도의 육화와 수난과 부활안에서 언제나 이미 인류 전체를 다루었고, 또 인류에게 영향을 미쳤다. 그리스도와의 개인적 만남의 친밀함이 결코 그분의 보편적 의도를 희생시켜서는 안 된다. 그분의 성체적 헌신은 그분이 십자가에서 모든 이의 죄를 짊어지신 것과 마찬가지로 모든 인간을 다 포함하기를 원한다. 그리고 이것을 깨달으면서 묵상하는 이는 세상에 대한 자신의 헌신과 동시에 주님께 대한 헌신으로 자신을 봉헌할 것이다. 피정의 마지막 묵상은 예수님의 삶에 대한 묵상을 하느님의 세상 계획의 우주적 차원에 대한 묵상으로 열어 주고, 그것을 실행하기 위해 매번 새로이 자신을 하느님께 바친다.

"수치페, 도미너 Sucipe, Domine", "주님, 제가 바치는 것을 받아 주소서."라는 청원 옆에 다른 말이 놓여 있다. 바로 "수메sume"이다. 이는 '어쩌면 제가 감히 내놓을 수 없는 것, 제 개인적 존재[삶]에서 당신의 보편적인 의도에 따르기를 원하지 않는 것까지 빼앗아 없애 주십시오.'라는 의미다. 개별적으로 묵상하는 이는 신적인 헌신의 광대함을 보게 되면서 이른바 자신의 폐쇄된 자아성에서 뛰쳐나오는데, 그 자신의 인격성의 파괴가 아니라 그것의 성취로 인해 뛰쳐나온다. 곧 신神 내적인, 삼위일체적인 신비 속에서 피조물이 타인을 위한 순수한 존재에 도달할 수 있는 동화同化로 들어가는 것이다.

그래야만 묵상이 교회적이라 할 수 있다. 그렇듯 개인[의 경계]과 교회의 경계를 넘어서는 것은 그리스도와 교회의 본질에 속한다. 따라서 묵상에 세상을 포함시키는 것은 결코 산만함의 성격이 아니며, 본질적인 것에 대한 집중에 속하는 일이다. 바로 그분의 계시 안에 나타나는 하느님의 뜻에 대한 집중인 것이다. 그러나 그러한 집중은 우리가 묵상 가운데 하느님의 눈으로 세상을 보려고 노력할 때만 일어난다. 세상이 그 자신을 보는 방식도, 우리가 세상을 보는 데 익숙한 방식도 결코 묵상에 알맞지 않다(그것이야말로 정말 산만함일 수 있다). 그것이 아니라 하느님이 세상을 보는 방식이 알맞은 방식이다. 곧 세상이 하느님에게서 달아나려고 하는, 하느님으로부터의 멀어짐과 동시에 하느님께서 당신 자비의 행위로 세상을 되찾아 오시는, 그분의 친밀함[하느님과의 가까움] 안에서, 바로 그분 아들의 편견 안에서 세상을 보는 것이 묵상에 알맞다. 삼위일체이시며 당신 사랑의 삶을 드러내시는 하느님, "그분 안에서" "우리는 살고 움직이며 존재"(사도 17,28)한다. 내가 모든 이("내 형제들 가운데 가장 작은 이": 마태 25,40 참조)에 대한 그분의 헌신을 고려하지 않고는 결코 하느님의 헌신을 묵상하지 않는다는 것, 그것이 바로 내 묵상과 나의 일상적인 세상일 사이에 틈이 생기지 않도록 하는 전제 조건이다.

HANS URS VON BALTHASAR

그리스도인은 세상 안에서 살면서도 세상에 속하지 않은 자로서,
묵상을 통해 이중적 정체성을 깨닫는다.
왜냐하면 묵상은 세상 속에서 사는 구체적인 삶과 분리되지 않고,
오히려 그 삶의 깊이를 더하기 때문이다.
그러므로 묵상으로 얻은 깨달음은
세상에 대한 책임감으로 이어져야 한다.

3
세상의 길 위에서

 교회는 그 자신의 자기 초월 안에서 우리에게 "모든 것에서 하느님을 찾도록" 가르친다. 고철 속에 있는 황금 덩어리처럼 그분을 찾으려 애쓰는 것이 아니라, 언제나 이미 내 앞에 있었던 분으로서 찾는 것이다. 만일 그리스도인이 아닌 동양인이 자신의 명상을 통해 열반으로 가는 길을 추구하여 심지어 위대한 깨달음에 이른다면, 그는 나중에 세상과 그 자신의 세속적 자아의 내적 공허함을 깨닫는 데에도 별 어려움이 없을 것이다. 만일 그리스도인이 자신의 묵상 안에서 예수 그리스도와 그분의 성체와 그분의 교회에 나타난, 그분의 신-내적 자기양여 안에 있는 하느님의 충만함의 신비를 발견한다면, 그 역시 겉보기엔 하느님께서 안 계시는 것 같은 이 세상에서 그 충만함을 다시 발견하는 데 그다지 어려움을 겪지 않을 것이다. 만일 그가 명상적으로 기도하지 않고 자신의 개인적 관심사만을 하느님 앞에 내어놓는다면, 그러한 재발견은 그에게 훨씬 더 어려울 것이다. 그는 자신과 가족 또 그 밖에 자신에게 중요한 것을 위해 기도하지만, 하느님의 무한한 바람[관심사]에 충분히 관심을 기울이지 않는 모종의 그리스도교 성향으로 나아갔을 것이다. 그러니 그리스도께서 제자들에게 "내 이름으로 청하라."(요한 14,13 참조) 하고 요구하실 때, 그 안에는 오직 묵상하는 믿음만이 실존적으로 알아볼 수 있는, 그분의 보편적인 정신으로 청해야 하는 마음가짐이 포함되어 있는 것이다.

세상 속 하느님의 편재遍在뿐 아니라 세상과 함께하시는 그분의 구원 의도의 보편성 덕분에, 우리는 세속적 일상에서도 기도나 교회의 예배에서보다 하느님으로부터 더 멀리 떨어져 있지 않다. 그러나 우리는 객관적으로 존재하는 이러한 연결[관계]을 주관적으로도 실현해야 하며, 이것을 우리의 묵상에서 가장 잘 수행해야 한다. 묵상은 우리가 그것의 내용을 첫눈에 알아볼 수 없는 곳에서 다시 알아볼 수 있게 해 준다. 모든 사람이 알고 있는 그리스도의 말씀에 따라, 우리는 그분을 그분의 "가장 작은 형제들", 곧 굶주린 자, 목마른 자, 나그네, 헐벗은 자, 병든 자, 감옥에 갇힌 자 그리고 이들과 비슷한 모든 이들 가운데서, 특히 우리의 원수들 가운데서 찾게 될 것이다.

그러나 우리가 풍족한 자, [좋은 집에서] 잘 지내는 자, 잘 차려입은 자, 건강한 자, 자유로운 시민 그리고 자신들의 지위에 만족하는 모든 이 가운데서 어떻게 그분을 알아볼 수 있겠는가. 묵시록의 불행한 라오디케이아처럼 자신들의 굶주림과 목마름, 냉담함과 궁핍함을 거의 인식하지 못하는 작은 형제들을 그들에게서 보지 못하는 한 말이다.

"'나는 부자로서 풍족하여 모자람이 없다.' 하고 네가 말하지만, 사실은 비참하고 가련하고 가난하고 눈멀고 벌거벗은 것을 깨닫지 못한다. 네가 이렇게 미지근하여 뜨겁지도 않고 차지도 않으니, 나는 너를 입에서 뱉어 버리겠다."[묵시 3,17.16]

그러나 그러고 나서 곧 같은 라오디케이아 교회에게 이런 말씀을 들려주신다.

"내가 사랑하는 사람들을 나는 책망도 하고 징계도 한다."(묵시 3,19)

묵상하는 이는 예수님의 이 이중 표현, 바로 사랑에서 나오는 가장 엄격한 징계에 따라야 한다. 예컨대 그 역시 병病을 아름답게 꾸미지 않고, 주님의 마음 안에서 사랑으로 그 병의 이름을 밝혀 부를 수 있다. 그는 너무나 세속적인 이러한 일상 가운데서도 예수님께서 그들을 위해 돌아가신 "많은 이들"을 거듭 새삼 인식한다. 그리고 그분 자신이 떠맡아 그들의 내면적 공포 속에서 견뎌 낸 것은 바로 그들의 자기 만족적인, 하느님으로부터의 소원疏遠임을 알게 된다.

그러므로 우리를 교회에서 세상으로 인도하는 마지막 영신수련은 "사랑에 이르기 위한" 묵상이라 불린다. 그것은 신중하게 네 단계로 일어난다(《영신수련》 234-237항).

첫째, 자신의 세속적 존재를 아주 광범위하고 널리 드러내는 모든 것은 순수한 선물이라는 것이다. 곧 그 모든 것은 만질 수 없는 높은 곳에서 내려오는 것이 아니라 자신의 선물에 깊이 몸을 굽히고, 하실 수 있는 한 자신을 비우시는 하느님으로부터 온다는 것이 숙고되어야 한다. 창조, 은총 상태, 구원 행위는 여기에서 더 이상 구별되지 않는다. 그것들은 구별될 수도 없는데, 왜냐하면 마지막까지 자신을 전달하시려는 하느님의 의도는 불가분의 것이기 때문이다. 그러므로 묵상하는 사람은 사물의 단순한 존재만으로 이미 하느님의 모든 마음씨를 알아차릴 수 있다. 숲, 산, 사막, 바다…… 등 사람의 손길이 닿지 않는 자연의 장엄함에서 그것을 찾는 것이 적어도 겉보기엔 더 쉬울 수 있다. 그러나 그분은 왜 인간이 만든, 종종 추한 풍경, 빈번히 불쾌하고 주제넘은 그의 작품에서는 발견될 수 없는가, 곧 당신 피조물이 만들어 낸 것을 위해 하느님께서 인내심 있게 공간을 허락하신 것처럼 나타날 수 없는가? 많은 이에게 부재와 공허로 느껴지는 이러한 인내와 관용이 그리스도인 묵상자에게는 오히려 은총 가득한 친밀함이다. 그것은 [자신의] 바람이 허락되는 가운데 언제나 [하느님의] 동반으로, 호의적인 섭리로, 자비로운 보살핌으로, 사려 깊은 내맡김[강요하지 않음]으로 나타난다. 하느님께서 베푸시고 동반하시는 바로 이 허락 안에서 묵상하는 이는 그가 예수 그리스도를 아는 한, 창조주가 "당신이 하실 수 있는 한 자신을 낮추어 당신 자신을 내게 주시려" 애쓰신다는 것을 알아챈다. 그리하여 하느님으로부터 해방의 선물과 그것의 동반을 받는 사람은 누구나 창조된 자기 자신의 공간을 하느님 뜻대로 사용하시기를 바라며 청한다.

둘째 단계는 **하느님께서 베푸신 은총을 더 깊이 숙고하게 되는 단계**이다. 하느님 자신 안에서가 아니라면, 하느님께서 당신의 선물로 가득 채우기 위해 내주신 공간이 어디 있을 수 있겠는가? 그분께서 모든 공간을 채우고 계시니, 무엇이 그분의 "외부"에 있을 수 있겠는가? 그러므로 묵상하는 이는 돌이든 식물이든, 동물이든 사람이든 간에 하느님 자신이 이 자유롭게 된 것 안에 거주하신다는 것을 깨달아야 한다. 또는, 창조된 모든 것이 자신의 고유 존재[고유성]로 해방되어 하느님 안에서 말고는 어디에서도 살 수 없다는 것이 같은 의미일까? 곧 자신의 자유를 다른 사람에게 주기 위해 소유한 공간에서 말고는? 그가 성취한 것이 그 자신이 아닌 한, 사람은 자신의 "외부 활동[밖으로 드러난 작품]"에 대하여 말할 수 있다. 하지만 이러한 활동이 그분, 삼위일체이신 분 안에 없다면 어디에 있어야 할 것인가? 그러니까 아들에 대한 아버지의 헌신(아버지는 아들을 위해 모든 것을 창조했으므로), 아버지께 대한 아들의 헌신(그는 완성된 세상 나라를 아버지 발아래 둘 것이기에) 그리고 창조자 성령의 두 분께 대한 헌신(그 두 분의 사랑이 곧 그이고 그가 그분들을 영원히 찬미하길 원하므로)인 존재 안에 없다면, 어디에 있을 수 있겠는가? 그리스도를 통해 삼위일체이신 하느님에 대해 아는 묵상자는 이러한 신神 내면의 헌신적 존재의 흔적 또는 더 분명해지는 표상[들]에 따라 피조물 안에 거주하시는 하느님을 해석할 것이다. 바로 창조된 모든 것의 성향과 충동과 동경 안에서 그가 발견하게 되는 흔적과 표상들에 따라. 그 표상은 피조물의 죄 많은 이기주의에 의해 흐려지고 파묻힐 수 있으며 악마적 반대로까지 왜곡될 수 있지만, 온갖 왜곡 속에서도 선사된 존재의 본래 의미로 인식될 수 있다. 곧 선사된 존재는 '[남을] 위한 존재Fürsein' 안에 자신의 자아[자기 존재]를 가지고 있다.

인간 삶의 불가분의 다양성은 이 기본 형태를 끝없는 변화 속에서 거듭거듭 드러나게 할 것이다. 그 형태는 사람이 하느님의 삼위일체적 본성에 대해 알지 못할 때만 역설적으로, 어쩌면 심지어 모순적으로도 나타날 수 있다. 그러나 믿음으로 그것을 알고 있는 묵상자는 적어도 자기 자신을 위해 그 자신의 상징성에 대한 응답으로 '[남을] 위한 존재'를 통하여 이러한 자아를 얻기 위해 노력할 수 있다. 그리고 그가 할 수 있는 한, 다른 사람들도 이것이 추구할 가치가 있는 유일한 것임을 인식하게 할 수 있다.

셋째, **이 모든 것이 결코 저절로 일어나지 않는다는 것**을 우리에게 보여 준다. 하느님과 그분의 세계 사이의, 곧 무한한 자유와 유한한 자유 사이의 대화는 하느님께서 직접 관여하시는 무수한 행위의 드라마다. 궁극적으로 십자가가 그것에 대한 증거이다.

"하느님께서 어떻게 세상 모든 피조물 안에서 나를 위하여 일하고 수고하시는지, 마치 고된 노동을 하는 사람처럼 행동하시는지를 생각한다."

많은 이들이 세계사의 도도한 전투[의 포화] 앞에서 하느님의 개입을 더 이상 보지 못하거나 또는 그분이 초연하고 무심한 구경꾼으로서 그 모든 것 위에 군림하고 있다고 추측한다. 그럴 경우 그들의 묵상은 종종 전투로부터 신성하고 안전한 곳으로 도피하려는 시도이다. 그들은 구약 성경에서 이미 하느님의 고된 노력이 얼마나 많이 뚜렷하게 나타나는지를 잊고 있다. 거기에서 하느님께서는 진노하시는 분으로, 당신의 창조를 후회하시며 벌하길 원하시는 분으로 나타나시지만, 그럼에도 거듭 새삼 자비로우신 분으로 입증된다.

"내 마음이 미어지고 연민이 북받쳐 오른다. 나는 타오르는 내 분노대로 행동하지 않고 에프라임을 다시는 멸망시키지 않으리라. 나는 사람이 아니라 하느님이다."(호세 11,8-9)

그래서 하느님께서는 사랑하는 당신 아들이 십자가에서 죽기까지 자신을 낮추고, 스스로 "저주"와 "죄"가 구체화되도록 허락하심으로써, 마침내 모든 짐을 당신이 떠맡으신다. 이것을 간과하고 초현세적이고, 근심 걱정 없으며 지극히 행복한 하느님에게로 묵상하고자 하는 자는 진리의 가장 깊은 심연을 놓치고 환상에 빠져들게 될 것이다. 그리스도교 묵상의 임무는 오직 세상과 함께하시는 하느님의 "이러한 애쓰심에 자신을 모두 바치는 것"일 수 있다(《영신수련》 96항).

마지막 단계는 아마도 가장 어려운 단계일 것이며, 그리스도인으로서 가장 예상치 못한 것일 것이다. 묵상하면서 우리는 **"마치 태양에서 빛이 나오고, 샘에서 물이 흘러나오는 것과 같이"** 세상의 현존과 그것의 모든 가치를 그 원천에서 흘러나오는 것으로 보는 법을 배워야 한다. 사람들은 아마도 오늘날 인정하는 우주의 진화적 특성이, 경직된 옛 세계관에 대하여 테이야르 드 샤르댕이 보여준 것처럼, 우리를 여기에서 의미하는 역동성에 더 접근시킬 것이라고 생각할 수도 있다. 어떤 면에서는 그렇게 할 수도 있지만, 그러나 그 역동성이 묵상이 전달하고자 하는 것의 핵심을 맞추지는 못한다. 그것은 사물의 수평적 유출의 문제가 아니라 하느님으로부터의 수직적 흐름의 문제인 것이다.

그렇다면 이 "위에서 아래로" 흐르는 것을 어떻게 이해할 수 있을까? 우선 간단히 하느님의 "자리"는 항상 위에 있고, 피조물의 "위치"는 언제나 아래에 있으며, 최종적으로 확증된 피조물 가운데 어떤 것도 지속적으로 창조하시고 구원하시는 하느님의 활동을 필요로 하지 않는 존재는 없을 것이라는 사실이다. 그리고 이것은 단지 피조물의 벌거벗은 현존과 모든 단순한 상황성에만 적용되는 것이 아니라, 전적으로 그들의 행동에도 적용되며, 특히 가장 지고한 행위, 하느님을 향해 노력하는 행위에도 적용된다. 그런 그들에 대하여 사람들은 그들이 반대 방향으로 분투하고 있다고 생각할 수도 있다. 마치 플라토닉 에로스가 우리에게 믿게 하려는 것처럼, 아래에서 위로 [분투하고 있다고]. 그러나 하느님을 향한 이러한 노력이 정말로 하느님께 합당한 때는 도대체 언제인가? 아우구스티노에 의하면, 그것이 하느님께 대한 순수한 갈망desiderium

일 때, 하느님 홀로 자유롭고 은혜로이 내려오는 당신의 사랑 안에서 이러한 갈망을 충족시킬 수 있다는 것을 마음속 깊이 이해한 태도가 나온다. 피조물의 갈망은 하느님을 소유하려는 힘의 의지가 아니라, 그분께 자신을 내맡기려는 귀의의 의지이다. 따라서 그 자체로 그는 하느님의 사랑의 형태에 의해 형성된다. 곧 내려오시는[하강적인] 하느님의 사랑을 받아들일 준비와, 하느님과 인간에 대한 자신의 사랑 안에서 이 하강의 움직임에 자신을 맞추려는 의지이다. 그것은 하느님께서 절대적 사랑의 본질을 우리에게 계시하신 움직임이다. 즉, 아버지[성부]께서 아드님[성자]을 보내시니, 아드님은 자유로이 그리고 기꺼이 그분의 가장 보잘것없는 형제들에게까지 내려오신다. 그리고 성령께서는 예수님의 세례 때와 교회의 오순절에 주님과 그분 교회의 지상적 운명을 공유하고 인도하기 위해 강림하신다. 말하자면 세상을 향한 하느님의 이러한 구원 경륜적 움직임 안에서 그분은 우리에게도 유효한 사랑의 원형을 선사하시는 것이다.

그리하여 이 마지막, 넷째 단계는 "하느님께서 하실 수 있는 한 당신의 거룩한 낮춤[안배]에 따라 당신 자신을 내어 주시려는" 하느님의 뜻에 대해 말하는 첫째 단계의 상승이 된다. 오이코노미아Oikonomia란 드라마틱하게 움직이는 하느님의 자기 낮춤과, 그 안에서 하느님께서 당신 피조물과 관계 맺음을 나타내는 말이다. 절대주의의 제후가 비천하고 품위 없는 자신의 신하들에게 관대한 "낮춤"을 보여 주는 언어적 뉘앙스가 그리스어 "오이코노미아oikonomia"에는 전혀 들어 있지 않다. 이 단어는 당신의 세상에 대한 하느님의 애정과 돌보심 말고는 다른 아무것도 의미하지 않는다. 그리고 만약 이 돌보심이 피조물에 대한 하느님의 극도의 자기헌신이라면, 그것은 본질상 결코 완성된 사실로 간주될 수 없고 언제나 일어나는, 항상 새로운 압도적 사건으로 간주된다. 그리고 이것은 사람들이, 존재하는 세상의 "보존"을 "지속적인 창조"라고 부르고 싶어 하든 말든 상관없다. 또한 세상이 계속 존재하게 하시려는 하느님의 뜻에 사람들이 주의를 기울이든, 아니면 그것을 언제나 다시 무無[비존재] 속으로 가라앉게 하는 그분의 "절대적 능력"에 주의를 기울이든 관계없다. 후자의 사변思辨은 세상 전체와 그 안에 있는 각각의 개별 피조물에 대한 하느님의 애정은 끊임없이 "흐르는" 사건이라는 그리스도교 경험에는 맞지 않는다. 특히 묵상하는 이는 가장 즉각적으로 그것을 알아차린다. 일종의 예증으로 성찬례[성체적 사건]를 참조할 수 있을 것이다. 이것은 곧 거룩하게 변모하신 주님께서 당신 교회의 현세성 안에서 언제나 새롭게 자신을 [생생하게] 나타내시는 것이다. 그러나 그것은 모든 기도자, 고통받거나 죽어 가는 모든 사람, 요컨대 그 자체로 "의에 있는 지고하고 무한한 힘으로" 살아가는 모든 존재를 향한 관심과 무관한 사건일 수는 없다.

그런데 막데부르크의 데히틸다Mechthild von Magdeburg가 할 말이 아주 많은, "신성神性의 흐르는 빛"의 세 번째 관점이 아직 더 있다. 이것은 둘째 단계와 관련하여 언급된 것을 다시 가리킨다. 그곳을 보면 세상의 "장소"는 하느님 자신 안에 있는데, 그 말은 곧 그분의 삼위일체적 삶 안에, 그 자체로 신적 위격들이 서로 떨어져서, 서로를 향해, 서로 속으로 끊임없이 흐르는 삶 안에 있다는 의미다. 말하자면 이 신적 위격들이 언제나 현재 활동하고 있는 자신을 선사하는 것이다. "자립하는 관계"[혹은 자존하는 관계relatio subsistens]라는 전문 용어는 "관계"를 정적인 지점에서 우연히 일어나는 것이 아니라, 신적 위격 자체를 구성하는 움직임으로서 능동적인 [자신과의] 관계로 받아들이지 않는 한, 이 무한한 사건과 아무 관련 없는 말이 되고 만다. 이 절대적 사랑의 흐름 속에서 창조된 세계는 멈추지 않는다. 이 세계는 서로 자신을 선물하는 위격들에게 적절한 선사膳賜의 기회이다. 곧 창조하시는 아버지는 구원하시는 아들에게 세상을 선사하신다. 아들은 "모든 원수를 물리친 후" 그 세상을 완성된 나라로서 아버지 발아래 두시지만, 그때에 아버지는 그를 다시 전체 세계 활동의 머리이자 통합[총괄]으로 삼으신다. 이 둘[아버지와 아들]의 영靈은 "제3자"로서 이 선사의 끊임없는 순환을 촉발하고 실현하며 완성하시는 분이다. 그러나 모든 것이 결코 그 영에게서 귀결되는 것이 아니라, 그 영을 통해 아들 안에서 아버지께로 돌아간다. 그런데 그 아버지가 모든 것의 근원이자 기원인 한, 그분은 언제나 아들과 성령에게로 자신을 발산하신다. 그럼에도 이 삼위일체적 흐름은 방향 없는 소용돌이가 아니며, "실체"(예부터 내려온 단어를 사용하기 위해)의 엄격한 일치 안에 머물러 있는 동시에 엄밀하고 돌이킬 수 없는 행렬Prozession의 질서로 머물러 있다.

그러나 우리는 신 내면의 움직임을 외부에서 관찰할 수 없고, 결코 순전히 수동적으로 그 움직임에 끌려갈 수도 없다. 그것에는 하느님의 은총으로 그분의 이 흐르는 본성에 참여하는 묵상자의 동의가 필요하다. 그리하여 마리아는 겸손한 여종으로서 아버지와 함께 영원한 아들을 낳는 은총을 받았다. 사람이 되신 아드님은 아버지에게서 나오는 그분의 영원한 탄생에 우리를 참여하게 하여, 아버지께 되돌아가는 그분의 길에 함께 데려가시는 은총을 받았다. 두 분의 은총은 그들 공동의 영을 우리에게 단지 하나의 결과처럼 선사하는 것이 아니라(성령은 결코 그런 존재이실 수 없다), 아버지와 아들이 당신들의 영의 숨결에 우리를 포함시킬 때 각각 발생하는, 심지어 우리에게서도 나오는 한 영을 선사하시는 것이다. 이 모든 것은 살아 있는 믿음에 속하는데, 당분간은 그것을 알아보지도 이해하지도 못할 것이다. 그러나 그것은 우리의 시력을 영원히 충족시키고 능가할, 영원한 생명의 "직관"에 속할 것이다.

그리스도인 묵상자는 결국 이러한 신비 속으로 거듭 새로이 인도된다. 그는 그것을 꿰뚫어 보지 못한 채, 그 신비 안에 존재한다는 것을 의식하면서 그 신비를 경배할 것이다.

"우리는 그분 안에서 살고 움직이며 존재합니다."[사도 17,28]

복음서와 그것의 사도적 해석의 말씀과 사건들은, 우

리가 그 신비에 참여할 수 있도록 그리스도께서 우리에게 드러내신 신비의 윤곽을 충분히 예견할 수 있는 넉넉한 빛을 묵상하는 이에게 준다. 그가 망상에 굴복하지 않고 진리에 참여하고 있음을 알게 하기 위함이다. 그리고 그가 묵상에서 일상의 행위로 옮겨 갈 때, 그의 행위의 논리는 이러한 확신을 다시 한번 심화한다.

옮긴이의 말

,

4세기 어느 사막 교부의 말이다.

"출렁이는 물에다 얼굴을 비추어 볼 수 없듯이, 영혼도 그렇다. 마음속에서 잡념들이 없어지지 않고는, 관상에 잠겨 하느님께 기도를 드릴 수가 없다."

고도로 발달한 과학 기술과 디지털 문명으로 갈수록 복잡다단해지는 현대 세계의 가장 큰 특징은 정신적 발전이 그 물질적 발전에 상응하게 이루어질 수 없게 만드는 '급

변'일 것이다. 말하자면 인간은 갈수록 빠르고 복잡하게 새로운 장을 열어 가는 바깥세상과 그에 맞춰 따라가지 못하는 내면의 정신(영혼) 사이에서 괴리를 느끼며 흔들리고 있다. 아마도 이것이 오늘날 전 세계적으로 명상에 대한 갈망이 점점 더 증가하고, 명상을 배우고 실천하는 방법에 대한 무수한 지침들이 쏟아져 나오는 이유일 것이다.

한스 우르스 폰 발타사르Hans Urs von Balthasar의 이 작은 책자는 일찍이 "명상과 그리스도교 묵상의 작은 합슴"(Kleine Summe der Meditation und des christlichen Meditierens)이라 불린 이름 그대로 명상과 그리스도교 고유의 묵상 방식에 대한 내용을 담고 있다. 그래서 이러한 시대적 갈망과 요청에 걸맞을 뿐만 아니라, 그리스도인에게는 그 독특한 그리스도교적 묵상 소개로 그리스도인 실존의 본질적인 면을 잔잔하면서도 깊이 있게 인식할 수 있는 기회를 제공한다.

저자는 그리스도교적 방식으로 명상한다는 것이 무엇을 의미하는지 타협하지 않고 보여 준다. 이는 우선 그리스도교 묵상은 오직 하느님께서 자신을 인간으로서 계시하시는 곳에서만, 바로 그 인간이 하느님을 그분의 모든 깊이에 이르기까지 속속들이 계시하는 곳에서만 시작될 수 있으며, 따라서 오직 하느님의 자기 진술인 이 사람(예수 그리스도)을 사랑하고 숙고하며 따르는 묵상만이 중심이 될 수 있다는 의미다. 이러한 대전제 아래 전개되는 발타사르 특유의 독창적이고 심오하며 때로 감성적인 묵상 방식의 서술은 그가 라너Karl Rahner, 콩가르Yves Congar, 드 뤼박Henri de Lubac 등과 함께 20세기 가장 영향력 있는 신학자 대열에 들면서도 이들과 달리 (탁월한 음악적 재능은 그만두고라도) 강한 문학적 성향과 관심으로 대학에서 문학을 전공한(문학 박사), 그만의 독특한 이력과도 관련이 있을 것이다.

그는 신선하고 심오한 방식으로 먼저 그리스도교 묵상의 중심 요소를 설명하는데, 그리스도가 아버지의 아들인 '말씀'(중개하는 말씀이며 침묵하는 말씀)이라는 것에 그 기초를 둔다. 여기서 중요한 것은 하느님께서 내게 건네시는 말씀은 언제나 구체적이다, 바로 예수 그리스도께서 이 땅에서 하느님의 말씀을 나타내신(계시하신) 곳에서 나를 기다리고 있다는 것이고, 이 하느님의 말씀의 광대함은 오직 내게 선사된 신적인 영(곧 성령)을 통해서만 열린다는 사실이다. 이어지는 묵상의 실행에서는 우리의 묵상은 (복음서의 어떤 말씀이나 장면에서도) 다름 아닌 예수 그리스도의 인격에 대한 묵상이며, 말씀이신 그분이 지금 바로 내게 말씀하시는 것에 초점을 맞춘다. 우리가 머물도록 초대받은 곳은 무한히 신비로운 계약의 중심 곧 예수 그리스도인 것이다.

이를 바탕으로 저자는 그리스도교 묵상의 목표인 '일치'의 길을 마지막으로 피력하면서 바로 그 중심에 "마리아의 길(방식)"을 놓아둔다. 결국 이 방식이 그리스도교 묵상의 중심적이고 구체적인 위치를 차지하는데, 이는 마리아가 보인 모범을 따라 그 비할 데 없는 하느님과의 일치의 길을 우리가 어느 정도 추종할 수 있는 길이 비로소 열림을 시사한다. 말하자면, 마리아와 예수의 신비스러운 대화가 예수의 출생 이전(마리아의 태내)과 이후에도 중단 없이 계속되었다는 사실이 물리적 거리와 상관없는 '존재의 일치'를 드러내고, 이로써 우리가 묵상하는 예수의 신비는 우리와 마주하고 있는 것이 아니라 언제나 이미 우리 안에 있음을 나타낸다는 점에서 그리스도교 묵상에 결정적인 의미를 지닌다. 그렇게 마리아의 길을 따라 교회 안에서, 세상 안에서 또 세상을 위해 묵상 기도가 이루는 일치의 길을 가리켜 보인다. 그런데 이 모든 여정에서 간과할 수 없는 것은 그리스도교 묵상은 신인神人인 그리스도가 중심에 있으면서도 동시에 삼위일체의 신비 안에서 이루어지며 그 점에서 그리스도인 묵상자는 성부와 성자와 성령과 함께하는 이 놀라운 신비 속으로 거듭 새삼 인도된다는 점이다. 이는 결국 삼위일체의 신비 안에서 그리스도와의 일치를 목표로 하는 그리스도교 묵상이 그대로 그리스도인이 고백하는 구원의 신비로 이끈다는 의미가 아닐까 한다.

이 과정에서 발타사르의 성소聖召에 결정적 영향을 끼

친 로욜라의 이냐시오 성인의 《영신수련》 묵상이 모범적으로 안내됨을 부언하면서, 비교적 그의 인생의 말년(1984년)에 간행된 책이니만큼 그가 본질적으로 추구하는 (창조의 진선미를 수호하고 삼위일체의 사랑을 증거하는) 신학적 성향과 정신이 당대와 후대의 그리스도인에게 절절한 당부처럼 녹아 있으리라는 짐작을 해 보며, 그 자신의 말로 간략한 이 후기를 맺는다.

"따라서 그리스도교 토상은 완전히 삼위일체적이며 동시에 전적으로 인간적이다. 아무도 하느님을 찾기 위해 개인적이고 사회적인 인간성에 등을 돌릴 필요가 없다. 그러나 하느님을 찾기 위해 도든 이는 성령 안에서 세상과 자기 자신을 하느님께서 보시는 것처럼 보아야 한다."

미주

1 Adrienne von Speyr, Bergpredigt(Johannesverlag Einsiedeln 1948) 92-93.

2 따라서 사제는 강론을 준비할 때 당연히 자신의 묵상 기도가 또다시 필요하다 하더라도, 본래의 묵상 중에 강론을 준비하지 않을 것이다. 그 묵상은 의도하지 않은 것이어야 한다.

3 필자가 선택한 오리게네스의 본문들에 대해서는 다음을 참조.
《Geist und Feuer》(Johannes Verlag Einsiedeln, Freiburg ³1991), 309, 313쪽.

4 이 문제에 대한 그리스도교적 해결책에 접근하기 전에, 그리스 교부들이 삼위일체적이며 그리스도론적-교회적인 신비를 어느 정도 밝히기 위해 반복적으로 사용했던 인간 본성에 대한 그리스도교 이전의 일반적인 숙고를 전제할 수 있다. 언제나 서로 다른[다양한] 인격 안에서만 존재하는 인간 본성의 일치[통일]는 어떠한 것인가? 일치란 완전한 것이다. 정신적으로 장애가 있거나 절단 수술을 받은 자라 하더라도 모두 인간이다. 인간은 정확히 같은 신체 구조를 가지고 있고, 이는 인간 의학의 당연한 전제 조건이다. 게다가 인간은 기본적으로 정확히 같은 영혼 구조를 가지고 있어, 이것이 유효한 일반적 심리학을 허용하지만, 그럼에도 인간의 인격[들]은 그들 자신에 대해 그리고 서로에 대해 대립적인 통일체이다. 이는 니사의 그

레고리오 성인 같은 그리스인을 매우 놀라게 하여, 그는 인간 본성의 단일성과 인격의 다양성을 삼위일체의 유효한 상징으로 받아들일 수 있다고 믿었다. 그런데 신학자들은 인간 본성의 단일성이 개인들로부터 하나를 '추상[화]한' 것인 반면, 하느님 안에서는 그것이 필연적으로 '구체적'으로 파악되어야 하며, 그렇지 않으면 우리는 서로 대립하는 세 신神을 설정할 것이기 때문이라는 이유로 그의 태도를 불쾌하게 받아들였다. 그것은 물론 옳지만 그레고리오의 본성 개념과, 그리스도의 육화 그 자체가 이미 전체 인간 본성에 (성화하는, '신화神化하는') 영향을 끼친다고 받아들이는 다른 그리스 교부들의 [본성] 개념과는 일치하지 않는다. 니사의 그레고리오 성인은 인간 본성에 대하여, 그리스도에 의해 전체적으로 "충분히 발효된" "반죽 phyrama"의 이미지 또는 아담과 하와의 근원에서 모든 세대에 걸쳐 성적 풍요[번식]를 통해 계속해서 흐르는, 단순히 '개념적'이 아니라 실제의 또는 물리적 연속성 안에서 '흐름[강]'의 이미지를 즐겨 사용한다. 여기서 중요한 것은 플라톤적 사상(관념적 통일성)의 지속이 아니라 오히려 훨씬 더 스토아적[사상]이라는 것인데, 그에 따르면 로고스는 영적이면서도 물질적이기도 하다. 이사야서 58장 7절이 "헐벗은 사람을 보면 덮어 주고 네 혈육을 피하여 숨지 않는 것이 아니

미주 163

겠느냐?"라고 말할 때 우리는 그리스 교부들의 관점을 더 잘 이해한다. 그들은 각 개인의 인격적인 영이 하느님으로부터 온다는 것을 부인하지 않는다. 우리는 실체와 인격 사이의 관계에 대한 이러한 자연적 관점을 (삼위일체적이며 그리스도론적 신비에 대한 숙고를 넘어) 전적으로 그리스도의 신비로운 몸에 대한 이해와 "성인들의 통공"에 대한 많은 신비적 관점으로 이끄는 첫 번째이자 필수적인 예시로 이해할 수 있다. 이 그리스도교 신학적 중개가 없다면 이 사상은 이교異敎적이고 비삼위일체적·유일신론적 종교에서, 유다교 이후와 그리스도교 이후의 무신론적 공산주의에서 그리고 이와 유사한 ('서구') 인류 이데올로기에서 볼 수 있듯이, 인간 본성의 물리적 통일성에 대한 강조가 인간의 유일성과 존엄성에 대한 완전한 이해를 방해한다는 점에서 당연히 그리스도교 이전의 것으로 머물러 있을 것이다.

5 이 주제는 후고 라너Hugo Rahner에 의해 역사적이고 조직적으로 가장 풍부하게 전개된다. Die Gottesgeburt. Die Lehre der Kirchenväter von der Geburt Christi aus dem Herzen der Kirche und der Gläubigen, in: Symbole der Kirche(Otto Müller, Salzburg 1964), 11-87.